商业思维

开启财富之门的金钥匙

李代广◎编著

北京工业大学出版社

图书在版编目（CIP）数据

商业思维——开启财富之门的金钥匙 / 李代广编著 . —北京：北京工业大学出版社，2012.8

ISBN 978-7-5639-3163-7

Ⅰ . ①商… Ⅱ . ①李… Ⅲ . ①商业经营 Ⅳ . ① F715

中国版本图书馆 CIP 数据核字（2012）第 144505 号

商业思维——开启财富之门的金钥匙

编　　著： 李代广
责任编辑： 陶国庆
封面设计： 尚世视觉
出版发行： 北京工业大学出版社
（北京市朝阳区平乐园 100 号 100124）
010-67391722（传真）bgdcbs@sina.com
出 版 人： 郝　勇
经销单位： 全国各地新华书店
承印单位： 唐山才智印刷有限公司
开　　本： 787 mm × 1092 mm　1/16
印　　张： 17
字　　数： 202 千字
版　　次： 2012 年 9 月第 1 版
印　　次： 2021 年 1 月第 2 次印刷
标准书号： ISBN 978-7-5639-3163-7
定　　价： 32.00 元

前　言

很多朋友辛辛苦苦一辈子，省吃俭用，做梦都想过上好日子，结果不但没能如愿，却越来越不顺心，压力重重。究竟是哪里出了问题呢？原因就在于没有掌握和运用商业思维！《商业思维——开启财富之门的金钥匙》一书，从训练思维能力、把握创富商机、做好创业准备、确定经营模式、规避经营风险、制订营销策略、理性投资理财、提升商业素质八个方面，给你提供了一把开启财富之门的金钥匙，帮助你创造财富，过上美好的生活。

在现实生活中，你是否经常分心、注意力不集中，不能保持高效的工作状态？你是否觉得你的大脑不堪重负？如何才能最大化使用大脑资源，挖掘大脑潜能，拥有超强的学习力并提升职业竞争力？事实上，不管是锐意进取、挑战自我、勇于创新、渴望成功的人士，还是作为中坚力量的企业家、领导者和各级管理者，都可能出现上述问题。如果你想做一个希望拥有幸福、快乐和财富的人，那么，在《商业思维——开启财富之门的金钥匙》中找到弥足珍贵的指引吧！本书将帮助你实现不可思议的梦想，让你的大脑CPU从“286”升级为“多核处理器”，让脑袋转得更快，让口袋赚得更多！

目 录

第一章　训练思维能力

在当今市场瞬息万变、趋势变幻莫测的时代，训练大脑思维能力具有不可低估的商业价值，对人的生存竞争意义重大。本章针对发掘大脑的潜能中的记忆、观察、分析、设计、决策、创新、提问、批判、谋略、预测、想象、自省诸多方面的能力提出了训练和提升的途径及方法，帮助读者引爆商业思维，打开创富的大门。

一、开发大脑潜能

思维能力是考察一个人智力素质高低的主要标志。思维能力是人类特有的能力资源，不仅取之不尽、用之不竭，而且成为改变自身和改变世界的巨大力量。人的思维的发展是有规律可循的，人的思维能力是可以培养和开发的。科学研究表明，人的左右半脑是有明显分工的。人脑的左半球主要是语言、逻辑和数学的运算加工系统，主管逻辑思维；而右半球则主要是音乐、美术、空间知觉的辩证系统，主管形象思维。其中右半球与人的创造力密切相关。美国奥恩斯坦教授经多年研究发现，如果对人脑两个半球中的任何一侧的“未开垦处”给予刺激，激发它积极配合另一半球的作用，人脑的总能力和效率会成倍地提高。

根据目前我国有关开发脑力潜能的实验研究，归纳出开发脑力潜能的三种教育训练模式，即身体活动的直接刺激模式、认知刺激模式和非认知刺激模式。

身体活动的直接刺激包括身体肢体的训练、脑珠算锻炼、汉字书法练习和怀抱大自然活动。

身体肢体的训练即通过身体的各种动作训练来刺激大脑相应部位，开发大脑的潜能。比较典型的实验是对于右利手的人进行左侧肢体训练，这种直接作用于右脑的刺激，对开发右脑的潜能发挥着明显的作用。实验证实，对大批右利手的人进行左手、左脚等左侧肢体的专门锻炼，可以明显改善其中绝大多数人的记忆力。实验还证实，各种手指操、眼动操、健脑操对开发人脑潜能也具有明显的作用。

脑珠算锻炼是具有我国民族特色的一项开发右脑潜能的活动，对发挥右脑功能具有显著的效果。幼儿或小学生在双手实际拨珠打算盘的活动中，由于手指的小肌肉群频繁地触摸算珠，手指不断地伸张弯曲，形成清晰的珠算运算表象，促进形象思维由简单到复杂、由低级向高级不断发展。珠算活动可从直接拨珠计算到模拟拨珠计算，再到想象拨珠计算。想象拨珠计算是右脑形象思维得到高度发展的结果。大脑正是在这种发出动作指令、接收反馈信号的相互作用中得到锻炼和发展的。实验证实，进行珠算活动的学生注意力集中，记忆力强，反应速度快，心算水平高。

汉字书法练习对开发右脑潜能具有独特的作用。书法是中国传统文化的主要内容之一。书法既是文字又是艺术，又对脑功能具有特殊的影响。实验证实，人在练习书法的过程中，大脑右半球的脑电活动频率明显高于大脑左半球，表明大脑右半球在练习书法时占优势。本来人的右手活动是大脑左半球支配的，右手练习书法时，大脑左半球脑电活动频率应该比大脑右半球高。可是在实验中却发现，右手练习书法时，大脑右半球的脑电活动频率高于大脑左半球，而且有书法经验的人与无书法经验的人相比，其大脑右半球的脑电活动频率提高的幅度更为明显。这说明中国的汉字书法对右脑功能具有明显的影响。我国学者在20世纪90年代为探索“汉字智力开发”的可能性，曾对汉字书法操作与脑反应能力之间的关系进行了实验研究，结果发现被试者在进行30分钟书法练习之后，其大脑左、右两半球的反应时间均比书法操作前有明显的缩短，可是同样30分钟内进行其他活动（如计算等）则没有这种效应。而且书法经验多的被试者，其大脑右半球反应时间的缩短比左半球更为显著，说明书法操作确实可以提高脑电活动的频率。

怀抱大自然活动即远足或旅游，到大自然中漫游、观察，使山水田园、蓝天白云、红花绿树、晨雾彩虹等千姿百态、五彩缤纷、生机勃发、运动变幻的大自然整体形象经常输入人的脑海，更多地刺激右脑。这样既可以引起人的美感体验，又可以丰富人的感性形象，为形象思维提供充分的信息，从而促进右脑功能的发挥。

认知刺激模式包括形象思维训练、整体性学习和直觉的教育。

形象思维训练即利用实物形象、动作形象和言语形象来引发联想，开发右脑潜能。不少优秀教师在这方面创造了很多经验。如在教学过程中注意创造性地运用多媒体，使教学生动形象，效果突出。又如，在数学教学中注意形数结合，在语文教学中注意组织学生对事物、人物、情景进行观察，引导学生联想、想象，让学生演课本剧，根据文章编剧等。这不仅使学生生动地、创造性地学习，也促进学生形象思维的发展。

右脑接受信息大多以整体方式实现，如对一个人的辨认，是从整体入手，无须先进行分析。因此，对某些内容的教学，不应过分地强调分析和所谓“讲深讲透”。某教科院研究人员利用大脑右半球整体接收信息的优势，在游戏中对幼儿进行听读识字的实验。该实验不是让幼儿一个字一个字地认读，而是一篇一篇课文地读，熟读后，幼儿就能一串一串地识字，口语与书面语同步发展，促进了幼儿的认字，也开发了幼儿的智慧潜能。日本著名音乐教育家铃木镇一的教学法，就是教孩子学习小提琴的过程中不使用分析的方法，不是一个动作一个动作地教，而是强调重复、记忆及直觉的整体学习方法，促进了右脑潜能的开发。

直觉是右脑的功能。直觉有三个特点，一是直觉以经验为基础，二是直觉的形成需要创新思维与创造性想象，三是直觉形成的高速性。直觉是一种瞬间的判断，有时是突如其来，判断与猜测都很迅速。直觉是记忆、创新思维和创造性想象复杂作用的产物。有人认为，直觉就像其他能力一样可以训练，对直觉进行训练是促进右脑潜能发挥的一个重要方式。

非认知刺激模式包括愉快教育、暗示教育、创造性教育、全人格教育和艺术教育。

愉快教育是以人体生理学为依据的。现代生理、心理学家都发现，当人的身心处于放松和协调的状态时，大脑最灵敏和最活跃，能够迅速地运转，较快地对信息作出反应。在良好的心境条件下，大脑神经会分泌一种激素，使人产生快感，增进大脑的活力。

暗示教育是利用人的潜意识作用。暗示教育大多以音乐为背景，充分发挥右脑的音乐形象的优势。因为一定条件的音乐节奏会向右脑半球提供一个附加的输入信号，而这个输入信号又将提供一个“附加印象”来帮助学习，“附加印象”越多，学习效果就越好。这种学习效果是脑力潜能的外显表现，同时也说明暗示教育可促进脑力潜能的发挥。

创造活动是人类活动最重要的特征，也是开发脑力潜能的意义所在。在人类的创造活动过程中，右脑半球的功能处于中介地位，起着突破性的认识作用。创造性教育首先是培养创造意识和能力，即对接收的信息进行连接与改组的意识和能力。鼓励奇思妙想，不迷信权威，不因循守旧，把传统的传习性学习、模仿性学习改变为创造性学习。

全人格教育把教育对象作为一个完整的个体，注重身心素质的全面发展，不仅有智力因素，还有非智力因素，如学生的情感、意志、动机、理想等因素的发展。这些都对右脑功能以至整个大脑潜能的发挥起着重要作用。

艺术教育带有综合教育训练模式的性质，它是个性最初发展不可缺少的重要的教育内容。在艺术教育过程中，对受教育者的大脑，特别是右脑，既具有身体活动的直接刺激模式的特点，又具有认知和非认知刺激模式的特点。因此，开发人脑特别是右脑的潜能，应十分重视和加强学校的艺术教育。听古典音乐，朗读和背诵，发挥想象力，这些都是进行艺术教育的重要手段。

二、训练记忆能力

记忆能力是一种速记速忆的思维能力，这种思维能力特殊之处主要表现为能在短时间内快速记住大量杂乱无序的信息，并能在短时间或长时间后正确地回忆所记内容。

一般情况下，人们无须在短时间记住大量的资讯信息，一方面，这是大脑的自我保护机制在起作用，因为任何超负荷的思维活动都会对大脑产生损伤；另一方面，从思维经济学的角度来讲，记住少量最重要的信息更有利于提高思维效率。因为人类在长期实践中总结发现，那种复印式的精确记忆从整体效果上来讲不如筛选式的模糊记忆更佳，后者的记忆模式可以更好地适应复杂多变的环境，而且可以节省大量的思维空间。

不过对于一些特殊的人群来讲，记忆是一种很重要的思维能力。比如，学者需要记忆大量的专业知识，学生为了应付考试需要在短时间死记硬背许多考试资料，谍报人员需要有过目不忘的本领，秘书助理要清楚地记住其领导所需的一切工作信息，财务人员要对历年的统计数据牢记不忘且准确无误，高级指挥人员要对战区的兵力配置、敌情变化、后勤补给等复杂信息做到精确的记忆。

对于一般人也许不需要强化训练记忆能力，天生的记忆力就足以应付日常生活工作的需要，但对于那些天生记忆力较差或从事特殊职业、有特殊需要的人群而言，光靠天生的记忆力是不够的，还需要接受专业的思维训练来培养自己的记忆能力。这就像每个人都会走路，但如果要做模特或做军人，那就要重新学习走路，否则就不能适应职业的需要。这时候走路就变成一种能力，是需专业的强化训练才能养成的。

在开发商业思维潜能的模式中，训练和提升记忆能力的方法有很多，下面是比较常用的三种。

第一，形象记忆法

形象记忆法的要点是化难为易，利用人类大脑对形象的直观喜好，把抽象的信息转化为具象的信息，或者利用形象物作编码来记住海量的信息。人们借助形象的力量比较容易快速地记住，快速地回忆。

第二，简化记忆法

简化记忆法的要点是化繁为简，通过归类、概括、削减等方式尽量减少所需记忆的数量，以减轻记忆负担，把有限的精力和时间投入到最重要的记忆点。其实，记忆的秘诀无他，记少总比记多效果更好。

第三，整体记忆法

整体记忆法的要点是以面控点。有时候，人们对于零散的、无意义的信息会本能地过滤掉。如果能将零散的信息与其他信息结合起来形成整体，或者将无意义的分数信息转化为有意义的整体信息，那么大脑的联想机制就可以将它们比较牢固地记忆存储。

记忆能力的训练除上述三种主要方法外，还有诸如感官法、口诀法、谐音记忆法、重新组合法、及时复习法、理解想象法等多种方法。

现在，关于大脑潜能开发有一种流行的说法是：在人的一生中，最多只用了10%左右的人脑细胞，其余的均在沉睡中。因此，大脑具有无限的记忆潜能。这种观点是荒谬的，首先大脑是一个非常复杂的器官，它的神经系统不可能全部用来存储信息。其次，90%的脑细胞并非都处于沉睡状态，相当大的一部分是在人类显意识未察觉的状态下默默地工作，人的许多本能活动无须意识控制就能精准完成都是它们的功劳。另外，据科学家测算，人脑大约只有总体重的2%，但它要占用人体所产生出来的能量大约是20%。如果人脑完全被显意识接管处于活跃状态的话，即我们所说的头脑潜能全部被开发出来，那么大脑所需要的能量是一个惊人的数字，脆弱的人体根本无法提供如此巨大的能量。

由此可见，记忆的潜能是有限的，我们不应当毫无节制地浪费自己的记忆空间，而应把它当成一种有限的宝贵资源，去思考如何让它的使用效率最大化。要知道，记住好的比记住多的更重要。

从某种意义上讲，大脑潜能开发不是要让人脑处于“沉睡”状态的90%的脑细胞苏醒过来，而是要开发处于清醒状态的10%部分的大脑的思维技巧，训练思维由混乱变为有序，由僵化变为灵活，由低效变为高效，让一分脑力发挥出十分作用，这才是大脑潜能开发的正确之道。

三、训练观察能力

观察能力是一种信息收集的思维能力，这种思维能力的作用是根据人的需要收集有用的信息情报，为大脑处理问题提供素材资料。在这里观察被界定为大脑思维对外在客观世界的信息收集活动，这其中既包括有形的感性观察，如视觉、听觉、嗅觉、味觉、触觉，也包括无形的理性观察，如感觉思维。

众所周知，艺术家们是观察能力超常发达的一族，他们或者能细致入微地看到景物细节，或者能从平凡之中发现自然奇美。欧洲文艺复兴时期，达·芬奇常常要求他的学生注意某一物体，然后闭上眼睛，慢慢地想它所有的细节，然后再重新看这一物体，并检查一下自己头脑中的假想物有多少和原物相符合，有多少不符合。国外某摄影大师在对学生进行细节观察训练时有一个特殊的方法，他常常随便找一个地方，然后在地上用粉笔点一个点，要求学生一只脚站在这个点上不许离开，身体转动360度观察并且拍摄一整天的景物。从这两个案例中我们可以看到艺术家们观察训练的刻苦程度。在现实生活中，专业化的观察训练并非只是艺术家们的需要，其实许多领域都要求人们具备良好的观察能力，比如，服务人员要善于观察客户，谈判专家要善于观察对手，政治家要善于观察趋势，企业家要善于观察商机，军事人员要善于观察敌情，学生要善于观察考题，等等。

许多人觉得观察能力并不重要，他们从未有意识地对这一能力进行专业化训练，所以在遇到情况时，他们往往对重要的信息“视若不见”，也不知道如何从纷繁杂乱的资讯中提取有用的情报。以股票操作为例，为什么在大多数人不断追涨的时候，有些人却在节节攀高的股价中看到了危险？并不是他们的视觉不一样，而是他们的观察能力高低不同。观察能力高超的人知道从哪里可以收集到有用的信息来验证自己的判断，知道如何识别信息的真伪，知道怎样透过现象看本质，知道选择正确的理论指导自己的观察方向……而观察能力差的人对这些不仅一无所知，而且也从未接受过系统训练。这样他们的观察活动自然是混乱无序，收集到的信息也是杂乱无章，充满模糊性和残缺性，不能作为进一步分析与决策思考的有效依据。

观察能力因人们的工作和实践不同而种类多样、差异万千。比如，科学家的观察能力与艺术家的观察能力无论在观察内容，还是在观察形式上都有很大差别。在开发商业思维潜能模式中，所有的观察能力训练都离不开以下三大类方法。

第一，整体观察法

整体观察法是以收集事物的整体信息为目的。训练要点是观察的全面性，要求对事物整体与局部的关系有深刻的认识。一般情况下，人们对有形事物的整体比较容易观察把握，而对无形事物的整体往往感知不到，认识不清。比如，汽车的整体外形是人们一目了然的，但对于汽车设计的整体理念是什么，绝大多数人会感到茫然，也根本不知从何处观察认知。

第二，细节观察法

细节观察法是以搜集事物的细节信息为目的。训练要点是观察的敏锐性，要求在杂乱无序的信息中迅速抓住关键的细微线索，或者发现细微的变化。通常人们不需要对细节有敏锐的感知度，因为从实用性来讲那是不必要的。然而对于一些特殊情况，人们需要有敏锐的细节观察力，比如在产品销售时，对顾客察言观色是非常重要的，通过对言谈举止细节的观察，销售人员可以准确地把握顾客的心理变化和言外之意。

第三，模式观察法

模式观察法是以搜集事物的模式信息为目的。训练要点是观察的深刻性，要求能够透过无序的信息发现有序的模式。这里所说的“模式”可以是一个范例、一条规律、一种现象，等等。比如，学生在解数学题时首先要观察题目是否类似范例，如果是相似的，就可以按照范例的解题思路去分析思考。从某种程度上来讲，专业观察训练就是在训练识别不同的专业模式，如医生对病症的观察，律师对案件的观察，军事指挥人员对敌情的观察等都是在识别某种专业模式。

对于观察，著名科学家爱因斯坦是这样认为的：“你能不能观察到眼前的现象,不仅取决于你的肉眼,还要取决于你用什么样的思维,思维决定你到底能观察到什么。”事实也的确如此，清晰的观察思维看到的是清晰，混乱的观察思维看到的是混乱；乐观的观察思维看到的是乐观，悲观的观察思维看到的是悲观；深刻的观察思维看到的是深刻，肤浅的观察思维看到的是肤浅；正确的观察思维看到的是正确，错误的观察思维看到的是错误……要想能够高水平地观察，唯有训练高素质的观察能力。

四、训练分析能力

分析能力是一种推演事理的思维能力，这种思维能力的作用是沿着事物的因果关系链（事物的道理），或者由起点推导终点，或者由终点演算起点。

由于观察思维与分析思维非常相似，而且它们一般是交织在一起协同发挥作用，因此，人们常常将两者混为一谈。其实，观察思维与分析思维是两种不同的思维活动，它们无论是在思维目标方面还是在思维模式方面都有很大的区别。分析思维是在信息搜集已经完成的基础上更高层的思维活动，只是许多时候人们需要一边观察、一边分析，或者用分析的需求来指导观察，或者用观察的信息来引导分析，结果造成人们误以为观察和分析是一回事的印象。

如果人们能够一眼看透因果关系链的始终，那么也许就用不着分析能力了。但实际情况是很多事情的因果关系链比较复杂或漫长，人们的观察思维力量无法洞察全貌，所以需要借助分析能力来完成对因果关系链的探索工程。

有个年轻人来到王老板的店里买了一件礼物，这件礼物的成本是 18 元,标价是 21 元。结果是这个年轻人掏出 100 元要买这件礼物。王老板当时没有零钱，用那 100 元向街坊换了 100 元的零钱，找给年轻人 79 元。后来街坊发现那 100 元是假钞，王老板无奈赔了街坊 100 元。现在问题是：王老板在这次交易中到底损失了多少钱？

这道思维训练题有三个答案：一是 18 元货物加 79 元真钞，等于损失 97 元；二是 100 元的假钞损失；三是 100 元假钞加 79 元真钞，加 18 元货物，再减去 3 元赢利，等于损失 194 元。

从解题的角度来看，题目已经提供了所有的信息，可以说无须什么观察思维活动。能不能得出正确答案，主要是看解题者分析能力的高低。三个答案反映了对三种不同的因果关系链的认知和推演，分析能力差的人很容易被这三种不同思路绕晕，分不出对错。

在许多时候，分析思维活动不需要搜集信息这一环节，反而是比较倚重头脑记忆库中存储的知识或经验来解决问题。专家们在遇到问题时，凭有限的信息就可以又快又准地分析问题，靠的就是长期的知识和经验积累。而对于一个新手来说，他要做许多信息搜集的工作，才能观察到事物的全貌。我们由此可以得出这样一个结论：分析能力和观察能力是两种不同的思维能力，在思维活动中需要哪一种能力，取决于问题类型的难度和思考者思维素质的高低。

分析能力是最复杂的也是最常用的思维能力之一，自古以来它就是人们关注研究的一个重要领域，其内容多被划归为逻辑学。分析能力包含了定义、比较、判断、概括、归纳、解析、综合、推理、论证等诸多内容。如今人们比较熟悉的演绎推理和归纳推理就属于分析能力的范畴，同时它们也是分析能力重要的训练科目。

分析能力的训练方法可谓纷繁众多，在开发商业思维潜能模式中，训练分析能力主要有以下五种方法。

第一，分解分析法

分解分析法是通过把复杂的大问题分解为简单的小问题，以此来发现问题答案的分析方法。该方法的特点是由整体到局部一步步地剖析深入，可以把很难的问题简单化，使之适应人们的智能水平，理清解决问题的思路。

第二，综合分析法

综合分析法是把从不同侧面、不同层次搜集到的信息整合为一体，从其中发现事物的真实全貌。该方法的特点是由局部到整体一块一块地拼出正确的“图”，让人们对客观事物的认识不再像盲人摸象那样以偏赅全、零散残缺。

第三，类比分析法

类比分析法是借助熟悉的事物、问题、案例来比较认识不熟悉的事物、问题、案例的分析方法。该方法的特点是借助相似性原理，让抽象、复杂、深奥的东西变得具象、简单、浅显，以此帮助人们更容易地去理解思考。

第四，逆向分析法

逆向分析法是从相反方向思考问题的分析方法。在这里的相反方向是与大众思路相反的意思。比如，别人从已知开始分析问题，我则从未知开始分析问题；别人从有利的角度推理，我则从有害的角度推理；别人论证事物的正确性，我则论证事物的错误性，等等。

第五，本源分析法

本源分析法是从事物本源角度思考问题的分析方法。同样的问题如果切入的角度不同，最后的分析结果可能大相径庭。一般来讲，对事物的分析层次越深，人们得到的结论就越接近真实可靠的本质。从本源开始分析问题有助于从根本上解决问题。

五、训练设计能力

设计能力是一种方案构思的思维能力。该思维能力的作用是在头脑中构思一个完整系统，这个系统可以是一个故事、一篇文章、一栋大厦、一幅油画、一辆汽车、一首歌曲、一句广告语、一个企业、一次联欢会、一项制度、一个计谋、一套理论……所要构建的系统越复杂，对设计能力的要求越高。

在过去，人们习惯认为只有从事建筑设计、工艺设计、广告设计、服装设计等职业的人才需要设计能力，其他人不需要。这显然是一种狭隘的看法。从思维的角度来看，只要头脑在构思一个完整的系统，这种思维活动就是设计思维，它所需要的能力就是设计能力。在设计思维活动中，分析能力起着重要的作用，但它不能替代设计能力。

在某种程度上来讲，分析能力是一种“看”的思维能力，为了看清楚事物可以运用各种手段，但它不会涉及如何组织事物的范畴。

而设计能力是一种“做”的思维能力，它关心的是如何去构建组织一个系统，并让这个系统发挥预期的功能和作用。以《红楼梦》这部经典著作为例，无数的红学家们可以把一部《红楼梦》分析点评得头头是道，甚至可以借此成名成家；不过如果让他们去写一部类似《红楼梦》的小说，那些分析评论家则只能目瞪口呆，不知该从何着笔。由此可见，分析思维与设计思维是两个不同的范畴，彼此不可替代。

当人们想做一件事情的时候，设计思维的作用和重要性就立刻凸显出来了，怎样构思一个方案来指导实践操作是设计能力主要考虑的问题。比如，在市场竞争中，企业要想获胜就要考虑如何塑造产品的美誉度、如何建立销售渠道、如何应对竞争对手的冲击、如何规划经营战略等问题，这些问题都属于操作型问题，思考这些问题时不仅要观察和分析，更需要设计，此类问题的思维活动终点是构思出操作方案，而不是仅仅分析出原因，找到目标就停止了。

老鼠总是受猫的威胁侵扰。一天，老鼠家族聚在一起开会，它们讨论分析的结论是：为了长久地保护老鼠的生命安全，有必要建立一套预警机制。所有的老鼠都开始想办法，最后有一只聪明的老鼠站起来说：“如果我们在猫的脖子上拴个铃铛，那我们就安全多了，因为我们能听到猫在靠近我们。”所有的老鼠都很赞成这个绝妙点子。但是，当有个小老鼠胆怯地问“谁来充当我们的英雄去完成这个使命”时，赞许声戛然而止。

这个笑话讽刺那些只会空谈的人。不过如果我们换一个角度来看，在这个故事中，分析和创意都没什么问题，唯一的问题就是没有操作方案。如果老鼠们能进一步集中讨论构思，未必不能设计出一个可操作性的方案，当然前提条件是老鼠们要有比较高的设计能力。

在开发大脑思维潜能模式中，设计能力的训练主要集中在方案框架的组织构建，至于具体的设计内容则因专业而异，不是思维训练的重点。下面介绍三种常见的设计能力训练法。

第一，形象设计法

形象设计法是以“形象”为灵感源泉构思方案的设计方法。在这里“形象”可以是大自然中的飞禽走兽、花草鱼虫、日月星辰、江河山川，也可以是人物形态、故事情节、生产流程、国家结构、社会模式，等等。总之，任何“形象”都可以导入设计思维活动成为灵感的源泉，如木桶理论就是受木桶短板现象的启发，原子结构就是以太阳系模型为参照。

第二，要素设计法

要素设计法是以方案构成要素为思考核心的设计方法。比如，在设计一个电视节目时，人们反复思考构成该节目的要素一、二、三是什么，当要素确定后方案的设计思路自然也就出来了。不同的设计要素组合会产生不同的设计思路和设计方案，通常新手和专家对设计要素的选择和认知深度有很大的差异，所以他们的方案设计水平有天壤之别。一般情况下，新手需要通过长时间的设计实践才能渐渐领悟到设计思维要素的存在。

第三，模型设计法

模型设计法是以方案模型为思考核心的设计方法。所谓模型是指由系统的主要联系构成的结构。太极图可以说是一个比较直观的简单模型，在这个图中我们可以看到阴阳两要素之间的种种主要联系，如统一联系、对立联系、转化联系等。还有，资本主义国家的三权分立、彼此制衡就是按照三角模型设计的管理机制。模型有简单与复杂之分，并不是说方案越复杂设计模型就要越复杂，最好的模型不是复杂的模型而是实用的模型。

六、训练决策能力

决策能力是一种利害权衡的思维能力，该思维能力的作用是在两个或多个方案中比较权衡利害，找出最适合的方案。有位哲人说：“人生即选择！”实际上，所谓选择就是在多种可能性之间权衡作出决策。对个人而言，人生的决策直接影响个人的命运浮沉，决策对了一生幸福，决策错了一生悲惨。从组织的角度讲，领导者的决策决定着组织的成败存亡，企业家的错误决策可能让企业在瞬间破产，政治家的错误决策可能让国家陷入灾难战争。所以，西方决策理论学派的代表人物赫伯·西蒙认为：决策是管理的心脏，管理是由一系列决策组成的，管理就是决策。

一般来讲，分析与决策总是紧密地交织在一起，不过分析思维不能代替决策思维,决策思维也不是分析思维。分析思维侧重“看”，决策思维侧重于“选”，要作出正确的选择首先要看清楚、看明白，但许多情况下人们没有时间或者没有信息作深入分析，只能在模糊或者黑箱的状态下作出决断。甚至还有一些事情即使一目了然、清清楚楚，也会让决策者难以作出选择。

“布里丹之驴”是以 14 世纪法国哲学家布里丹名字命名的一个悖论，其表述如下：一只完全理性的驴恰好处于两堆等量等质的干草中间,将会饿死,因为它很难对究竟该吃那一堆干草作出理性判断。布里丹想借此提倡道德决定论：除了无知和存在阻碍以外，人在面对可选择的行为路线时，总是必然选择更大的善。但后人却从中看到了讽刺意义：面对两堆一样称心如意且可吃到的干草时，驴却会因理性思考而饿死。

由此可见，无论多么理性的分析都无法替代决策的价值。综观古今中外，许多伟大的决策并不是分析清楚后作出的选择，而是由许多理性分析之外的因素在起主导作用，而这些因素恰恰构成了决策思维的不可预测性和艺术性。

高超的决策能力是综合训练的结果，其中最主要的是心理素质训练和思维方法训练。在这里简单介绍一下决策能力的四种思维方法。

第一，价值决策法

价值决策法是以价值高低作为决策标准的思维方法。比如，“两利相权取其重，两害相权取其轻”就是一种典型的价值决策模式。不过，“价值”这个概念有多层含义，而且不同世界观的人对价值的取舍也是不同的。当“价值”衍生出个人价值、团体价值、社会价值、机会价值、利益价值、商业价值、名誉价值、权力价值、生命价值、自由价值、信仰价值、未来价值等，这时候决策思维就变成了一个非常复杂的权衡过程，而要作出正确的决策就需要对这些价值有深刻的思维认知，并知道在不同的思维情境下选择什么样的价值作为权衡标准最合适。

第二，优化决策法

优化决策法是以最佳适应性作为决策标准的思维方法。就像男女谈恋爱一样，最好的未必是最适合的。那么是选择最好的，还是选择最适合的呢？这常常是令恋人们苦恼的问题。类似的情况在生活和工作中也比比皆是，优化决策法的模式是取最合适的，而不是选最好的。如果说价值决策是以主观为中心，可以不管客观情况舍生取义，那么优化决策就是以客观为中心，着眼于现实随时准备委曲求全。一般人在决策思维活动中，许多时候不知道用什么标准来衡量方案的最优，也不知道看似最优的选择在实际操作中是不是陷阱。优化决策法就是训练人们对优选标准的思维认知，对优选流程的思维执行，以求让失误降到最低。

第三，两难决策法

两难决策法是专门为两难选择设计的一套思维方法。在许多时候，人们会遇到左右为难的情况，无论进退都失当，无论取舍都危险。博弈论中著名的“囚犯两难处境”案例就是这种情况的真实写照。处于这种两难境况中，如果决策者的思维不能跳出旧的框架审视问题，那么他们永远找不到正确的选择。两难决策法主要是训练决策者如何转换视角，或者跳出问题站在局外思考出路，或者从布局者的角度思考如何破解困境。当视角转换后，迷局就会豁然开朗，无论是选择正确的方案，还是开辟第三条道路都会变得容易起来。实际上，所谓两难不过是身在局中，“不识庐山真面目”所产生的思维局限性罢了。

第四，团队决策法

团队决策法是专门为多人讨论决策制定的思维方法。在许多时候，决策是两个或两个以上的人群集体讨论的结果。民主选举中，投票表决，少数服从多数就是一种团队决策法。在这里我们主要讲的是当人们在讨论过程中因为价值观、文化差异、彼此矛盾、个人诉求不同等原因产生纷争时，怎样才能使决策思维活动顺利且高效地进行下去，而不是在无休止的指责和辩论中白白地浪费时间。团队决策法通过制定一套规范的集体讨论决策流程，让人们既能各抒己见，表达不同的观点，同时也能规避纷争，把众人的思维焦点集中在提出建设性意见上。

无论是在生活中还是在工作中，我们都需要决策能力。一件事情做不做，什么时候做，该怎么做等都属于决策问题。决策晚了，机会就没有了；决策错了，则全盘皆输。所以，要想做一个成功的人，尤其是做一个成功的领导者，就应该时刻注意培养自己的决策能力。

七、训练创新能力

创新能力是一种激发创意的思维能力，该思维能力的作用是在遇到问题时能想出与众不同的新观念、新方法、新思路等。创新能力的界定很复杂，从微观来看，它源于大脑的先天本能创造力的思维智能，从宏观来看，它是一种遵循创新思维方式的大脑能力。这就像一个普通人参军入伍后，其言行举止、行为处事自然会烙上军人的印记。可以说，只要人们遵循创新思维方式去思考，其思维活动自然就会激发出创意的火花，而经过这种思维方式训练的思维能力我们就可以称之为创新能力。

比如设计鞋子，常规的设计思路总是从鞋子的款式、用料上着手，千变万化离不开这个宗旨，而经过创新思维方式训练的人会想到鞋子可以吃、可以说话、可以扫地、可以指示方向，等等。这些看似荒唐的想法其实隐藏着无数的商机。请看下面这些创新思维。

鞋可以吃，但不是用嘴吃，而是用脚吸收，在鞋内加些药物，通过脚吸收，可治脚汗、脚臭、鸡眼，甚至可治高血压、关节炎、胃溃疡等疾病，沿着这个思路，可以开发出多种防病鞋、治病鞋。

鞋会说话。这完全可以做到，对于儿童来说，既好玩，又实用。设计一种穿鞋时能放音乐或唱出有生活常识内容的儿歌，使儿童不靠父母，自己穿鞋，有序摆放，提高生活的自理能力。

鞋可以扫地。设计一种带静电的鞋，无论走到哪儿，都能把地上的灰尘吸走。比如，在家里或办公室里，人们穿上这种鞋不但不扬尘，反而越走越干净。

鞋可以指示方向。在鞋上装指南针，调到所选择的方向，当方向偏离时，鞋就会自动发出警报。这个创意对野外考察探险的人来说很有用处。

“忽如一夜春风来，千树万树梨花开。”仿佛是一夜之间，人们突然对“创新”迸发出极强烈的需求。现在，各行各业都在不停地强调创新的重要性，报纸、电视等新闻媒体也开始热情洋溢地讴歌创新的伟大。在一片喧嚣声中，创新被戴上了神圣的光环，也冒出了无数个定义版本，以至于人们难辨真伪，莫衷一是。

简单地讲，创新是指一种结果，这种结果不同于以往过去的结果，所以它被人们称之为创新。为了达到创新的目的，人们所需具备的能力又被简称为创造力。从思维角度来讲，创造力是一个通俗的概念，每个人对它都有自己的理解，不利于作为一个规范的训练目标，所以在这里我们要专门用“创造力思维智能”（微观）和“创新思维能力”（宏观）这两个概念来表示纯粹思维层面上的创造力。

影响创新的因素有许多，比如，先天遗传、偶然性发现、宽松的环境、知识储备、思维定式突破、创新兴趣、竞争压力、学校教育、社会需要，等等。毫无疑问，创新思维能力是其中最关键的一个，尤其是今天创新活动已经日趋社会化、规模化，各行各业需要的不是少数超常天才，而是一大批创新能力训练有素的普通员工，他们才是推动企业日常持续创新的主力军。

那么，有哪些方法能够训练提升创新能力呢？在开发商业思维潜能模式中，训练创新能力的方法归纳起来有以下六种。

第一，强制联想法

强制联想法是一种将创新课题与随机选择的事物强制关联以激发灵感的思维方法，这种强制关联或是求同，或是求异，或是求因果关系。大脑有一种神奇的功能，它能将看似无关的东西联系在一起并产生丰富的联想，这些联想中蕴涵着大量创意的金点子，而且强制在一起的事物彼此关联度越远，激发出来的联想就越奇异。

第二，缺点列举法

缺点列举法是通过将事物的缺点一一列出从中发现创新目标的思维方法。许多时候，人们与其说不知道如何创新，还不如说不知道创新什么。当创新目标确定后，绝大多数人的智力水平都可以通过一段时间的钻研攻关找到解决问题的办法。缺点列举法要求思考者具有敏锐的观察力和批判性思维，这样就能比较容易发现事物的缺点，然后加以改进。

第三，形象思考法

形象思考法是借助直观的图形、图像或事物来激发创意的思维方法。比如，看到某一特定事物人们可以想象如何去管理创新、销售创新、战略创新、艺术创新、产品创新，等等。现代仿生学就是专门研究大自然与科技发明关系的一门学科。从某种程度上来讲，形象思考法是强制联想法的一种特例，它借助人们喜爱亲近直观形象的思维特点来挖掘大脑的创新潜能。

第四，综合创新法

综合创新法是将离散状态下的事物巧妙地组织为一个新整体的思维方法。这种思维方法是利用系统的整体具有局部所没有的功能这一原理进行创新创造。比如,普通的通话手机在添加了音响、照相、录音等功能就成为时尚手机，这就是综合创新的思路。在综合创新过程中，有些可以通过物理式组合实现创新，有些则需要通过化学式融合才能实现创新。

第五，定式超越法

定式超越法是对束缚性头脑的定式进行破坏或超越以释放创意的思维方法。在这里头脑定式可以是观念、经验、常识、公理、权威、思路、法则等。当人们看到手机时，第一习惯反应这是手机，主要功能是通话通信。可是我们如果坚持认为它不是手机，那么它可能是什么呢？头脑定式一旦超越，我们就会思路大开，发明无数款新手机，如保健手机、定位仪手机、戒指手机、翻译手机……

第六，团队创新法

团队创新法是通过多人讨论激荡创意的思维方法。著名的“头脑风暴法”就属于此类思维方法。1938年，美国创造学专家奥斯本首先提出此方法，其基本原则是，在集体解决问题时，暂缓作出评价，以激发参与者踊跃发言，从而引出多种多样的解决方案。参与者要遵守以下规则：一是禁止提出批评性意见（暂缓评价）；二是鼓励提出各种改进意见或补充意见；三是鼓励各种想法，多多益善，追求数量；四是追求与众不同的、关系不密切的、甚至离题的想法。为便于启发大家思考，防止冷场，主持人将启发性问题排列成表，在讨论中使用。

需要说明一点，创新能力与创新实战是两个概念，创新能力训练与创新实战活动也不是同一个范畴，前者像是长跑运动员的技巧训练，后者像是真正的长跑比赛。创新能力训练得越刻苦，越有利于在创新实战活动中出成果，但这并不等于说创新能力高的人就一定比创新能力低的人成就更高。运动员即使技巧再好，如果不参加比赛的话也是拿不到金牌的。创新能力最重要的是应用于实践，否则能力再高也是“无用”的，是无法创造成果的。

八、训练提问能力

提问能力是一种探索未知的思维能力。该思维能力的作用是提出问题，帮助人们去探索认识未知世界。提问能力有简单和复杂之分。简单的提问能力侧重向外界提出有效的问题以获取未知答案，比如，为什么天是蓝的？为什么人会生病？为什么瓷器坚硬却易碎？为什么汽车不会自动行驶？等等。而复杂的提问能力侧重于设计有效的问题以达到某种目的。比如,如何提问才能获得顾客真实的消费需求？如何通过反问来回避尴尬的问题？如何通过提问缓和对方的对立情绪？如何提问才能有助于找到解决问题的方法？等等。

著名科学家爱因斯坦指出："提出一个问题往往比解决一个问题更为重要，因为解决问题也许仅是数学上的或实验上的能力而已，而提出新的问题、新的可能性，从新的角度去看旧的问题，却需要创造性的想象力，而且标志着科学的真正进步。"

从思维科学的角度来看，智慧的本质是大脑的信息输出能力，一个大脑如果只能输入存储别人的知识信息，而不能输出自己的知识信息，那么这个大脑可以说是没有智慧的。作为最简单的思维输出形式——提问，长期以来一直被人们忽视。通常成人对孩子的强烈好奇心和无休止的"为什么"总是缺乏足够的耐心，他们将其视之为一种幼稚无知，或者简单地告诉孩子现成的答案，或者干脆粗暴地予以压制，命令孩子闭嘴不要打扰自己。其实，问题是思考的起点，是智慧的起源。成人的这些做法无疑是在扼杀孩子们的智慧萌芽。

在过去，提问能力一直是教师、警察、谈判专家等少数职业需要的能力，在一般人的印象中，提问就代表着无知。近年来，随着商业交流和社会交流的日益频繁，提问能力在产品销售、管理沟通、创新研讨、市场调研、舆论诱导、心理咨询、社会交际等领域得到广泛应用，它渐渐成为一种重要职业能力，帮助人们在工作和事业上获取成功。

世界著名的管理顾问大师彼得·杜拉克从事管理咨询工作的情形一般是这样的。

双方坐定之后，客户总会提出一大堆的难题向杜拉克请教。杜拉克默默地听完这些问题却不回答，反而向客户提出以下问题：

"你最想做的事是什么呢？"

"你为什么要去做呢？"

"你现在正要做什么事呢？"

"你为什么这样做呢？"

杜拉克不会替客户"解决问题"，而是替客户"界定问题"。他改变客户所问的问题，提出一连串的问题反问客户，其目的是要帮助客户认清问题，找出问题，然后让客户自己动手去解决那个最需要处理的问题。

从职业的角度来看，不同职业的提问能力带有非常明显的专业烙印，比如，管理顾问的提问能力与警察的提问能力有很大不同，医生对病人的提问内容也不是教师所熟悉的专业领域。不过，不管带有职业色彩的提问能力多么形态迥异，它们的核心都是思维层面的提问能力，在这一点上它们都是相通的。在这里所讨论的提问能力训练指的是提问思维能力的训练，而不是提问职业能力的训练，尽管它们本质相同，但是属于两个不同层面的训练，其内容和方法会有很大的区别，学习者对此要有明确的认识。

在开发商业思维潜能模式中，根据训练目标和实际应用的不同，提问能力的训练主要有以下五种方法。

第一，快速提问法

快速提问法是指在短时间内提出大量问题的思维方法。该方法用于培养人们的问题意识，首先是强化人们提问数量的能力。许多人在童年时期还能很自然地问东问西，但当他们成年后却渐渐丧失了提问的能力，内心即使有疑问也不知如何表达陈述。这一方面是由于传统教育不鼓励学生质疑提问和独立思考，使人们的提问天性渐渐萎缩退化；另一方面是由于人们踏入社会后，面对的工作和环境比较复杂,不知道怎样组织语言提出有效的疑问,于是就干脆不问。久而久之，人们就不愿提问、不会提问、不敢提问了。

第二，跳跃提问法

跳跃提问法是通过开阔视野，提出新奇问题的思维方法。该方法用于提高人们的提问效率和质量。许多时候，人们提出的大量问题或者是相近相似，或者是狭隘局限在某个特定的领域，越是专业人士的提问，越容易受知识背景或思维习惯的影响而局限于他们所熟悉的范围，有些时候他们看问题还不如局外人更清晰、更客观。跳跃提问法可以打破人们固定的提问内容和方式，在无序混乱和随机发问中渐渐远离熟悉的、本能的提问习惯,训练人们发问的灵活性,并开阔视野引进新的发问题材。实际上，任何新问题的产生都是源于人们突破熟悉的领域、开阔思维后的结果。可以说人们接触的新领域越多，所产生的高质量的新问题也就越多。

第三，诱导提问法

诱导提问法是通过提问诱导他人思路的思维方法。在课堂上，教师对学生的启发式提问就属于诱导提问法的一种形式。在诱导提问时，提问者并不是因为无知而提问，也不是为了找到答案而提问，他们关注的是问题是否能够引起被问者的联想，进而按照预设的问题自动被导入期望的终点。比如，销售人员在销售过程中就常常使用封闭型提问、暗示型提问诱导顾客购买不需要商品，而那些茫然不知的顾客总是在无意识中被精心设计的销售话术一步一步诱导坠入商业陷阱中,直到事后才发觉自己被别人控脑了。从某种意义上讲，即使是普通人也应当掌握一点诱导提问技巧，这样不仅可以让自己的语言更富有魅力,而且还可以洞察他人的不良企图,防止上当受骗。

第四，转换提问法

转换提问法是将同一个问题以不同形式表达的思维方法。把问题进行转化是解决数学问题的重要能力，著名数学家、数学教育家波利亚在《怎样解题》一书中说道："不断地变换你的问题……我们必须一再地变换它，重新叙述它、变换它，直到最后成功地找到有用的东西为止。"这里所说的变换就是转化，所谓转化就是把待解决或未解决的问题，通过某种手段或方法将之归结为一类已经解决或比较容易解决的问题，最终求得问题的解答。具有较强转换提问能力的人，不仅可以把复杂问题转换为简单问题，还能把模糊问题转换为清晰问题，把旧问题转换为新问题，把肤浅问题转换为深度问题。

第五，互动提问法

互动提问法是通过提问控制沟通交流节奏的思维方法。在新闻发布会上，我们经常会看到互动提问的环节，记者们抛出一个个犀利的问题刁难发言人。设计什么样的问题才能让对方不得不回答，如何通过问题转移使谈话一步步地深入，在交流中用什么样的问题加快节奏和用什么样的问题缓和冲突矛盾等都是互动提问法关注的重点。比如，对于一个沉默寡言的人，在交流中要多采用开放式提问启发他多说话，多交流。反之，对于一个喜欢侃侃而谈，说话散乱无条理的人要多采用封闭式提问限定他的谈话空间，避免他的回答随意跑题，不让交流变得漫无边际。

九、训练批判能力

批判能力是一种质疑思辨的思维能力。该思维能力的作用是通过否定批驳的方式发现真理，揭露谬误。批判能力的核心是独立思考和怀疑态度，人们只有具备了自己的思想，才会意识到存在别人的思想，否则就会把别人的思想当成自己的思想，就会盲目地追随，茫然受限。人们只有对一切事物持怀疑态度才会产生疑问，进而去探索发现荒谬错误，没有这种“刁难”式的态度，即使再明显的漏洞摆在面前人们也会视而不见。另外，批判思维意味着要作出合理的、明智的解释，在否定的同时给出符合逻辑的依据，这是一种先破而后立的思维超越，是对旧的革命创新。

批判能力在美国受到特别的推崇，是美国公认的优秀人才的标准之一。无论在美国的著名学府还是在全美顶级企业，选才、用才的重要标准便看是否具有批判性思维能力。拥有该能力的人，在创造力、鉴别力、商务沟通能力和解决问题能力上往往胜人一筹，而且会给企业带来持续发展的动力。举例来说，在美国，历史专业是最受欢迎的本科专业之一，要求非常高，也是非常难读的一个专业。读历史专业的学生会有很多的阅读和写作，有时候要求学生两三天看完一本几百页的历史书，隔三差五要写几十页的论文，而且似乎永远也写不完。偏偏这个专业体现出了批判性思维的能力培养目标。它体现在批判性地阅读，批判性地评估和思考，以及清晰并有说服力地表达。据不完全统计，美国历史专业毕业生的平均收入要超过经济学专业、心理学专业甚至计算机专业的毕业生。历史专业学生毕业后有很多选择。如果申请研究生院，可以学习几乎任何一个专业。培养这种批判性思维能力是美国包括哈佛、耶鲁在内的上千所大学共同的核心教育目标，也是历任美国总统的首要教育目标。对批判性思维的推崇提升了美国高等学府的含金量，也使得接受过该项训练的人在美国成为炙手可热的人才。

有个欧洲笑话，有人问：“一条船上有75头牛，32只羊，那么船长是几岁？”专家断言，如果有中小学生作出答案，就说明学校把学生教笨了。据悉，用这道题测试中国沿海某市中小学生，结果作出答案的竟高达92%，因为学生相信老师给的题目都是能做的。这个资料反映了中国现行教育培养出来的学生是“听话型”的，学生失去了基本的批判思维能力。清华大学校长顾秉林曾经指出：“为什么我们的某些研究生在遇到一些实际问题时会缺乏分析问题、解决问题的能力？关键是我们没有很好地把握批判性思维这一理念。”大学教育的主要目标之一就是达到人们常说的“自由教育”，教授在课堂上能传授给学生的知识是有限的，这些知识随着时代的发展会被逐渐淘汰。那么教学的意义在于什么呢？从根本上讲，教学的终极目标在于培养学生的正确的批判性思维，使学生拥有宽阔的胸襟，既不自卑也不自大，谦虚、谨慎地看待自己和他人，同时保持好奇、质疑的态度。教授们不是永不会犯错，不是不应该被质疑、挑战的权威，只有学生具备了高素质的批判能力，才会真正从对教授的依赖中解放出来，真正掌握获取知识的自由教育方法，而这种方法会让他们受用终身，永远不被时代所淘汰。

在开发商业思维潜能模式中，有关批判能力的训练方法主要有以下五类。

第一，整体批判法

整体批判法是指从整体的角度质疑否定的思维方法。比如，对“知识就是力量”这句格言进行整体批判，我们可以用“知识不是力量，智慧才是真正的力量”这句话来反驳。从层次来看，知识是死的，智慧是活的，只有被智慧驾驭的知识才能发挥作用，没有智慧的头脑存储的知识再多也没有用，学不好反而会变成书呆子。整体批判法对人们的思维素质要求比较高，尤其是要推翻否定权威的结论，没有更高、更广阔的思维境界是很难找到具有说服力的批判理由的。

第二，局部批判法

局部批判法是指从局部的角度质疑否定的思维方法。还是以“知识就是力量”这句格言为例，从局部的角度来看，知识可以分为有用的知识与无用的知识，正确的知识与错误的知识，先进的知识与落后的知识，强势的知识与弱势的知识，等等。我们承认有用的知识、正确的知识、先进的知识、强势的知识是力量，但并不是所有的知识都是力量，像无用的知识、错误的知识、落后的知识、弱势的知识就不能构成力量。这就是找到知识的某一个局部，抓住其中的错误性进行批判的思维方法。

第三，逻辑批判法

逻辑批判法是指从逻辑结构角度质疑否定的思维方法。该方法的特点是不直接讨论结论的对错，而是从逻辑的前提、推理过程、依据、概念等关键点切入，只要发现并证明其中一处存在问题，那么结论的正确性便不攻自破。逻辑批判要求人们对逻辑学有较深的造诣，能够迅速发现问题的逻辑漏洞。否则，即使明知不对，也不知道该如何争辩。有这样一个逻辑小笑话：一位先生到酒吧点了一杯酒，没有喝却要求换一杯咖啡，服务员满足了他的要求。这位先生喝完咖啡后不付钱就要走。服务员拦住了他说：“您没付钱不能走！”这位先生却说：“咖啡是我用酒换的，为什么要付钱？”服务员说：“酒您也没付钱啊！”这位先生笑笑道：“我把酒还给你了，为什么要付钱？”可怜的服务员傻了，他虽然感到这件事不对，但不知道什么地方错了，最后只得望着这位先生扬长而去。

第四，诡辩批判法

诡辩批判法是指运用逻辑诡辩质疑否定的思维方法。该方法利用一般人对逻辑规则不了解的弱点，在批判中运用以偏赅全、偷换概念、断章取义甚至借助权威、诉诸私德等诡辩技巧质疑否定对方的观点。比如，当某人提出一个方案，诡辩者可能对方案的专业性一窍不通，但他可以利用人身攻击批评对方目无领导、恃才傲物、风流成性、喜欢冒险等，最后得出结论：这个人提出的方案一定是错的。这就是典型的诉诸私德否定质疑的例子。我们还会经常在各种辩论大赛、报纸媒体以及教科书上看到诡辩批判法，诡辩者出于立场、权力、私利、种族、政党的需要，常常采用“抹黑”对手的方式质疑否定对方的观点。从思维的角度来看，对付诡辩批判法的最好办法是掌握诡辩批判法，这样才能洞察其混淆视听的伎俩，进而揭露反驳它。

第五，自我批判法

自我批判法是指对自己进行质疑否定的思维方法。自我批判的内容包括自己的观念、行为、缺点、思想、经验、成功、失败以及思维方式，等等。总之一切都可以用来批判质疑，该方法的主要目的是克服以自我为中心的思维障碍，让人们超越小我，站在更高的层面上审视自己对问题的判断，力求认知的客观、准确、公正。由于该方法涉及比较多自省思维方面的内容，这里就只简单介绍一下，在后面“训练自省思维能力”一节会作相关的论述。

十、训练谋略能力

谋略能力是一种设计布局的思维能力。该思维能力的作用是在活力对抗竞争过程中，通过巧妙筹谋以达到克敌制胜的目的。谋略思维源于军事战争领域，后来该思维模式被引进到一切活力对抗的领域，今天无论是人生事业奋斗、股票市场搏杀，还是企业营销竞争、大国博弈角逐，处处都可以看到谋略思维的影子，因此谋略能力也越来越受到人们的重视。

中华民族有着悠久的历史，也有着丰富的军事谋略思想，两千年以前古人著作的一部《孙子兵法》流传至今，仍被现代军事家、企业家们所推崇，由此可见中华军事谋略的源远流长和广泛影响力。军事谋略是运用战争内在的规律和双方作战系统结构与环境关系设计出来的克敌制胜行动策略。军事谋略与军事实力的关系，就像剑法与利剑之间的关系，当敌强我弱的时候，剑不如人就要在剑法上下工夫，用软实力弥补硬实力的不足。由此引申开来，在任何领域，弱势的一方要想生存或者战胜强势的一方，都需要谋略的辅助。高明的谋略往往具有起死回生、化腐朽为神奇的威力，翻开军事典籍《三十六计》，我们随处可以看到这样的例子，而且今天在商海竞争中企业的兴衰成败也在继续验证着这一规律。不过，我们也需要认识到优秀的谋略固然可以导演出一幕幕以少胜多、以弱胜强的精彩活剧，但谋略本身不能制敌，它必须建立在人和物的基础上，超过了这两个因素的实际承载力，无论多么高明的谋略都会变为笑谈。鸦片战争时期，面对西方列强的坚船利炮，腐败的清政府和军队无论运用什么谋略都无法抵抗绝对实力的打击。原因无他，清军无论是在兵将素质还是在兵器装备方面与西方现代军队相比都不是在一个层次上，所以落后只能挨打。这个事例告诉我们，任何谋略都是受限制的，不承认限制性就是空谈谋略。如果能驾驭或超越限制性，就也设计不出真正精彩的谋略。

在开发商业思维潜能模式中，有关谋略能力的训练方法有七大类。

第一，阴式谋略法

阴式谋略法是运用隐秘性和欺骗性克敌制胜的思维方法。出其不意、攻敌不备、示假隐真、诱敌埋伏、兵不厌诈等都属于此类谋略。阴式谋略主要是建立在信息不对称的基础上，如果实际情况被对手获悉，那么此类谋略就会失败，所以阴式谋略法思考的重点是如何隐蔽我方的意图，如何发现对手的思维盲区。

第二，阳式谋略法

阳式谋略法是运用逻辑性和立体性克敌制胜的思维方法。该思维方法注重设计布局的因果必然关系链，当对手一旦踏入第一环时，逻辑规律的必然性就会推动其不得不沿着预设的轨道滑下去直至失败的终点。阳式谋略法一般采用宏观对微观、多维对一维、无形对有形的设计布局思路，由于受先天思维局限性的制约，对手即使掌握了所有的信息也猜不透我方的谋略意图。

第三，宏观谋略法

宏观谋略法是规划全局性和未来性的思维方法。军事谋略有战略和战术两个层次，战略就属于宏观谋略的范畴。此类谋略的思考重点是我方的局部与整体、生存与发展如何有机地协同协调等问题。在考虑这些问题时，竞争对手的互动，环境条件的制约，时机节奏的把握都是重要的影响参数。

第四，系统谋略法

系统谋略法是运用系统论思考设计布局的思维方法。从系统论的角度来看，竞争对抗的双方都是系统，而包含他们的背景环境是更大的母系统。克敌制胜的办法就是围绕着这三个系统做文章，比如，利用母系统的资源限制削弱敌方的优势，弥补转化我方的劣势，或者是调整我方的系统使之具备克制对手系统的功能，等等。

第五，换位谋略法

换位谋略法是以敌方思路为中心设计布局的思维方法。在竞争对抗中，人们常以我方为中心进行思维，我方怎样行动，敌方可能怎样行动，形成我变、敌变的思维模式。换位谋略法是以敌方为中心进行思维，把自己假想为敌方，按照敌方的习惯思考对付我方的办法，然后以此为依据设计我方反制的战略战术，形成敌变、我变的思维模式。

第六，过程谋略法

过程谋略法是从过程的角度思考设计布局的思维方法。任何竞争对抗都有它自身的过程轨迹，其中包含我方的过程、敌方的过程、思想的过程、物质的过程、有形的过程、无形的过程、准备的过程、对抗的过程，等等。如果我们掌握了过程的基本规律，就可以利用它们设计出各种奇谋妙策。比如，在敌方必经之地设伏、引诱敌方进入错误的道路、思路等。

第七，环境谋略法

环境谋略法是借助环境的力量克敌制胜的思维方法。任何竞争对抗都是在一定的背景环境中进行的，环境可以分为小环境、大环境、有形环境、无形环境、有利环境、有害环境、整体环境、局部环境、动态环境、静态环境，等等。而环境又是由环境要素、环境联系、环境结构、环境边界等共同构成的系统。在对环境有了深刻的认识之后，我们可以有效地组织、利用、引导环境的力量去保存自己，战胜对手。比如，调虎离山、水攻火攻、扼守关隘、舆论造势、广结联盟、农村包围城市等。

综观古今中外的历史，有关谋略的智慧案例浩如烟海，任何一个成功的谋略必然有其成功的道理，而每个成功的道理都可以衍生出相应的谋略方法。在这里我们无法一一将所有的谋略方法归纳总结出来，只能精选一些可以帮助人们快速提升谋略能力的方法。需要说明一点，有许多好的谋略方法可以适用于实践实战，但是，它们可能不适用于作为谋略思维能力的训练方法，毕竟思维方法与实践方法还是有很大差异的。

另外，谋略虽然以克敌制胜为目的，但在许多时候竞争对抗并不一定是你死我活的斗争。博弈论把竞争划分为两种，一种是合作式竞争，另一种是非合作式竞争。对于企业竞争和职场竞争而言，选择合作式竞争要比选择非合作式竞争更有利于自身的未来成长，有时候与对手合作共赢也是一种重要的谋略智慧。

十一、训练预测能力

预测能力是一种洞察未来的思维能力，该思维能力的作用是对于未来可能发生的事情作出准确预报。人类一直向往自由穿梭于现在和未来之间，提前预知未来的变化以把握自己的命运。在现代科技发达昌盛的今天，占卜、星相学、易经、推背图、奇门遁甲、测字、风水学、手相、面相、通灵术、水晶球、罗塔牌等具有神秘预测性质的文化还能风靡不衰，从另一个侧面反映了人们对未来的强烈兴趣，希望借助这些科学技术排斥的古老手段来推算自己命运的顺逆，指点迷津，预知吉凶祸福，趋利避害，把握自己的命运。

开发商业思维潜能理论认为对未来的预测是可能的，并把预测能力分为感性预测能力和理性预测能力两大类。感性预测能力是指借助人的特异感知功能进行预测的能力，这种感知又可分为“兽感”和“灵觉”。“兽感”是人类在进化过程中保留下来的低等动物所具备的特殊感知功能，比如，在地震、暴雨、火山爆发等重大灾难发生前，某些低等动物和具有特异感知功能的人就会预感危险即将来临，并提前逃离灾难现场。“兽感”一般只能感知即将发生的灾难，对时间比较长远或非灾难性事件感知度就不那么敏感。“灵觉”是人类在进化过程中发展出来的新感知功能，只有少数基因突变的人具有这种极其罕见的超常预测能力，拥有“灵觉”的人对未来的感知不仅时间跨度大，而且预测的成功率比较高。这样的奇人古今中外都曾出现，大预言家诺查丹玛斯就是其中的杰出代表人物。

诺查丹玛斯生于1503年12月14日，他是一位生活在欧洲中世纪的法国医生，一位以卓越的占星学才华闻名法国的“预言家”，法国人对他十分信服仰慕，连法王亨利二世都召请他入宫，以便为国家预言吉凶祸福。五年之后，他离开法国宫廷，来到了沙隆，花了四年的时间完成一本奇书。这部书就是震惊后世的《诸世纪》。在这部书里诺查丹玛斯不仅预见了他那个时代所发生的许多事情，而且对我们最为熟悉的20世纪也做了大量惊人的准确预见，比如飞机上天、汽车出现、希特勒崛起、第二次世界大战爆发、盟军诺曼底登陆、德国战败、墨索里尼死亡、原子弹在日本爆炸、日本投降、美国总统肯尼迪被刺杀、苏联女宇航员进入太空、苏联入侵捷克、中东战争爆发、全球性污染与温室效应、“挑战者号”爆炸、戴安娜王妃身亡、苏联解体、“9·11”事件，等等。

诺查丹玛斯自称，通过占星学研究与神灵启示相结合的方法，他得以预见未来。他对天体运动和世事之间可能存在的联系进行了长期研究，并宣称有一位天使之灵帮助自己领会了这些力量自我显现的方式。他通过不同方式的冥想来接近神灵，通常最主要的媒介就是火或水，也可能在较为温和的致幻剂（如肉豆蔻）的作用下进行。透过深夜的冥思，他洞察到了在近期或遥远的未来将要发生的事情。《诸世纪》一书大约由1000首四行诗组成，因为诺查丹玛斯的诗比较晦涩难懂，而且编辑顺序混乱，有好多被证明是成功的预言往往是后人附会而成。不过，尽管关于诺查丹玛斯预言的真伪争议不断，但这属于预测准确率高低的争论，而不是有无的争论。即使是持最怀疑态度的人也不得不承认诺查丹玛斯是一位奇人，拥有预见未来的超能力。后世的人们给予诺查丹玛斯高度的赞誉：不曾有一个人看到了那么真切的未来，直至这个世界的终结、另一个新世界的起始。

对于绝大多数普通人而言，期望某天突然拥有洞察未来的超能力是不切实际的幻想，这就像手机如果没有接收器，外界的信号无论多么强烈也无法接通电话。缺少特殊基因的常人由于不具备特殊的“感觉”天赋，所以他们无论多么努力也无法感知未来发生的信息。

那么，普通人是否就无法预测未来呢？

从科学的角度来看，未来发生的某些情况是可以通过理性思维推测出来的，而这种能力就是理性预测能力。在古代，将军们对战局的推测演化、商人们对买卖的盈亏预计就属于一种原始的理性预测能力。而随着现代科学技术的发展，预测也渐渐成为一门专业学科，计算机模拟技术和各种新兴理论都被引进预测学领域。如今，市场预测、营销预测、广告预测、经济预测、股票预测、灾难预测、政策预测、职业预测、流行趋势预测等已成为人们工作和生活中必不可少的情报资讯，而拥有卓越理性预测能力的人才也成为社会职场中的宠儿，如同明星一般受到人们的强烈追捧。

在开发商业思维潜能模式中，预测能力的训练方法主要包括以下九大类。

第一，过程预测法

过程预测法是从事物发展过程轨迹的必然性洞察未来的思维方法。老子曰：“飘风不可终朝，骤雨不可终日。”营销学认为：任何产品都有其生命周期，达到顶端后自然会衰落。凡此种种，都属于通过对过程规律的认知预测推算事物未来的过程。

第二，结果预测法

结果预测法是从事物的未来结果切入，然后逆推事物发展轨迹的思维方法。比如，市场变幻莫测，操盘手对股票的未来波动轨迹无法作出准确判断，这时候不妨直接从结果切入，股票未来的最终结果不外乎是三种情况：上涨、下跌、不涨不跌。对这三种情况的可能性作一番过程推演，自然也就把握了未来股市的行情。

第三，环境预测法

环境预测法是从环境的角度预测的思维方法。任何事物都要受到环境的局限，这就像小池塘里不可能长出大鱼一样。环境的资源限制、空间限制、边界限制等决定了其中的事物无论如何变化都是有迹可寻的，是不可能超越环境极限的，否则就是自寻灭亡。

第四，灵觉预测法

灵觉预测法是靠冥想、气功、催眠等手段激发灵觉潜能洞察未来的思维方法。直接能通过灵觉预见未来的"超人"极少，通常一般人需要借助一些工具或理论配合才能隐隐约约地感知未来的模糊情景。用罗塔牌或《周易》推算都属于此类预测。最后预测结果的准确性高低与当时所激发灵觉的高低有直接关系。

第五，信息预测法

信息预测法是通过历史数据的推算预测未来的思维方法。该思维方法是建立在数学、信息学、系统学基础之上的。在预测之前，一般需要先建立预测公式模型，然后将有关数据输入其中最后计算出未来可能发生的结果。中国著名的预测大师翁文波先生就是这个领域里的佼佼者，他先后发表了《频率信息的保真》《可公度性》《预测率基础》以及《关于地支纪历与预测》等以信息预测为中心的预测理论，并把理论付诸实践。据统计，1992 年年底以前，根据这些理论所作的 200 多项预测中，以地震预测为例，预测与实际发生时间误差在 40 天以内的占 63%，地点误差在 200 千米以内的占 46%，震级误差在 0.5 级的约占 50%。这些成果引起了国内外学术界及舆论界的关注，为当代的科学预测打下了良好的基础。

第六，历史预测法

历史预测法是以历史事件和历史发展过程为依据预测未来的思维方法。《圣经》箴言：“日光之下，并无新事。”有位哲人也曾经说过：“历史总是惊人的相似，但不是简单的重复。”历史之所以会重演的原因很多，其中的一个关键点是：所有的历史都是由人创造的。无论古人还是现代人在天性上是一致的，因此他们所创造的历史具有相似性，这也使得借古鉴今、预测未来成为可能。

第七，规则预测法

规则预测法是通过客观规则的必然性预测未来的思维方法。象棋有象棋的规则，足球有足球的规则，战争有战争的规则，市场有市场的规则，生命有生命的规则……任何事物都遵循某种无形的规则运动。在过去，人类以为星辰的运动过程是有规律无规则的，但万有引力定律发现之后，人们认识到即使是浩瀚的宇宙也是遵循某种规则运转的。认识和把握了规则，也就意味着人们掌握了预测事物未来的钥匙。

第八，思维预测法

思维预测法是从人的思维角度预测未来的思维方法。在预测活动中，许多问题都涉及人，比如，军事战争、商业竞争、股票交易、时尚流行，等等。对于这些问题可以从一个奇特的角度切入进行有效地预测，这就是人的思维定式！由于每个人都有其固定的思维理念和思维习惯，他在思考或行动是总是倾向于沿着旧的、熟悉的思维轨迹运行。了解这一点我们就明白：把握了将军的思维习惯就可以预测军队的动向，把握了总裁的思维习惯就可以预测企业的战略，把握了人的习性也就可以预测股票的涨跌，把握了年轻人的理念也就可以预测未来的流行趋势……

第九，假设预测法

假设预测法是通过幻想未来的可能性来进行预测的思维方法。科幻是人类未来梦想的摇篮，喜欢看科幻书的朋友都知道人类今天所拥有的许多发明早在几百年前就有人预见到了，虽然我们很难说是幻想家们“看到”了未来，还是未来受到了幻想家们的影响，但不管怎么说这种幻想假设还是有一定参考价值的。假设预测思维是经验与知识的碰撞，是想象与直觉的交合，诸如德尔斐专家法、头脑激荡法、直觉经验法、未来假设法、科学幻想法等都属于此类思维方法。

十二、训练想象能力

想象能力是一种虚拟幻想的思维能力，该思维能力的作用是将客观现实的事物在头脑中虚拟再现或重新组合。作为现代社会的一种重要职业能力，想象能力被广泛应用于建筑构图、机械设计、艺术创作、军事指挥、企业管理、体育竞技、心理咨询等领域。今天，想象能力不再只是一个空洞的概念，关于它的系统训练已经被提到学院教育和企业培训的重要日程中，甚至有未来学家预言：继创新时代之后，人类将迎来想象时代。

想象能力与创新能力是两种截然不同的思维能力。要区分两者很容易，当你闭上双眼在脑海里浮现房间里的景物时，你就是在运用想象能力；而你在思考如何重新布置家居使之与众不同时，你就是在运用创新能力。当然，许多时候我们需要同时运用想象能力和创新能力去做事情，而且创新思维活动与想象思维活动也总是喜欢交织在一起，这让许多人误以为创新和想象是同一个概念，只是不同的表述方式而已。其实，从微观来看，想象能力就与创新能力有着本质的不同，前者是建立在想象力思维智能基础上，后者则是建立在创造力思维智能基础上，想象力思维智能的主要功能是：联想、虚拟、假设，这三个功能也正是宏观层次的想象思维能力的三大用途。

在一般人眼里，体育运动员都是头脑简单、四肢发达之辈，他们是最不可能与想象发生交集的一群人。然而事实恰恰相反，想象技术在许多体育项目训练中都受到高度重视。运动员们不仅要在脑海里反复虚拟训练正确的技术动作要领，还要假设各种可能出现的突发事件。撑竿跳冠军约翰·尤尔塞斯每次比赛前都使用想象技术，他逼真地想象自己在某一高度是怎样越过横竿的，他会把所有的细节一一地在脑海里审查一遍，他会想象到体育场和观众欢呼的情景，他甚至想象出草坪和泥土发出的气味，他说："这种想象力的运用在脑子里留下记忆痕迹；这些记忆痕迹将有助于我的临场发挥。"他想象自己获得成功，最终他也就赢得了胜利。

美国《研究季刊》曾报道过一项实验，证明想象练习对改进投篮技巧的效果。第一组学生在 20 天内每天练习实际投篮，把第一天和最后一天的成绩记录下来；第二组学生也记录下第一天和最后一天的成绩，但在此期间不做任何练习；第三组学生记录下第一天的成绩，然后每天花 20 分钟做想象中的投篮，如果投篮不中时，他们便在想象中作出相应的纠正。

实验结果是，第一组每天实际练习 20 分钟，进球增加了 24%；第二组因为没有练习，也就毫无进步；第三组每天想象练习投篮 20 分钟，进球增加了 26%。

虚无的想象之所以能产生实际训练的效果，是因为运动员的想象训练同样会起到刺激身体神经系统活动的效果，而且在不受外界干扰的冥想状态下，运动员的技术动作神经反应更纯粹，更接近完美的状态，当这种想象训练刺激达到一定程度时，肌肉就会牢牢地“记住”正确的动作要领，这种训练方式要比现实中反复重复训练、反复纠正偏差的效果更佳。赛车、足球、篮球、跳水等特殊竞技运动由于无法在现实中模拟瞬间动作的失误，过去一直找不到有效的纠正训练方法，而想象技术的诞生让运动员可以像放电影一样在脑海中一格一格地将动作放缓，想象正确的动作、姿态、身心感受，让技术直接从完美状态开始重复训练，然后固化定格。通过这样的想象训练，运动员的神经与肌肉之间就会建立正确稳固的联系，有利于运动员在比赛中迅速地进入完美的竞技状态。

许多科学家、学者很早就敏锐地意识到想象的重要性，并不遗余力地呼吁人们关注这一特殊思维能力。著名物理学家爱因斯坦就曾说：“想象力比知识更重要，因为知识是有限的，而想象力概括着世界上的一切，推动着进步，并且是知识进化的源泉。严格地说，想象力是科学研究中的实在因素。”科学家贝弗里奇认为：“科学家必须具备想象力，这样才能想象出肉眼观察不到的事物如何发生、如何作用，并构思出假说。”

如果一个人在小时候想象力得不到发展，那么他非但不能成为诗人、小说家、雕刻家、画家，而且也不能成为建筑家、科学家、法律学家、数学家。有人认为数学家和科学家用不着想象，这是不符合事实的。想象对于任何人都是必要的。发明家发明机械，学者发现真理，建筑学家设计建筑物都离不开想象。拿破仑曾说过：“想象力支配着全世界。”确实如此，他的战术，他那宏伟的规划都是想象力的产物。

在开发商业思维潜能模式中，想象能力的训练方法主要有五大类。

第一，跳跃联想法

跳跃联想法是训练想象灵活性的思维方法。它主要是将毫无联系的事物联系在一起，或者寻找它们的因果关系，或者是将它们整合在一起激发创意灵感。比如，“管理—胡萝卜”这两个概念本来没有关系，但跳跃联想可以让我们想到企业管理的奖罚就像一手拿胡萝卜，一手拿大棒；或者我们也可以想象创造出一套“胡萝卜管理模式”。

第二，冥想虚拟法

冥想虚拟法是训练想象虚拟性的思维方法。它的训练方式主要是在脑海中对事物从简单到复杂，从静态到动态进行虚拟再现。具体虚拟对象可以结合训练者的年龄和需要进行，对于中小学生可以侧重知识记忆、课堂学习、解题思路、成功形象、优雅举止的虚拟想象；对于成人可以侧重于专业能力、工作内容、人际关系、未来事业的虚拟想象。

第三，假想假设法

假想假设法是训练想象超越性的思维方法。它的训练重点是去猜想不可能的、不存在的、未发生的、非理性的各种事件、问题、情境、答案等。比如，猜想假设UFO之谜，假想未来科学高度发展后会怎样，等等。假想假设法的核心是一个“假”字，在训练时应允许任何异想天开的念头，鼓励各种异端极端的想象。

第四，形象思考法

形象思考法是以形象为思维符号的思维方法。通常人们在思考问题时侧重于抽象思维，多使用左脑，形象思考法要求人们在思维活动中把习惯的概念文字符号统统转化为直观的图形图像符号，锻炼形象思考的能力。这种训练方法不仅可以锻炼右脑想象，而且也能促使左右脑协同发挥作用，大大提高思维效率。

第五，未来幻想法

未来幻想法是训练想象超前性的思维方法。在现代社会竞争中，拥有超前意识是非常重要的，凡事能比别人多想几步，对未来可能发生的情况提前思考，就能够洞察先机，智高一筹。这种训练方法根据对未来的关注点不同又可分为科学幻想、生活幻想、社会幻想、人生幻想、事业幻想、发展趋势幻想、事态后果幻想，等等。

十三、训练自省能力

自省能力是一种反思自悟的思维能力，该思维能力的作用是对内心自我站在宏观层面上进行审视，以一种思维管理者的角色调控思维本身，使思维系统能够正常和谐地运转并不断进化升级。自省力思维智能又被称为元认知思维智能，其功能是对思维进行剖析，它是人类神秘的自我意识起源，也是自省能力的微观核心。

在过去，“自省”被人们视为一种道德修行的方法，很少有人从能力的角度去理解它。无论是《论语》中曾子的名言“吾日三省吾身”，还是圣哲老子的观点“知人者智，自知者明”，都是在推崇一种自我反思、自我完善的精神修养。自省能力可以用来修炼道德品质这毋庸置疑，但这并不是它的全部用途，如果我们真正揭开自省能力的神秘面纱会发现它的用途非常广泛，几乎涉及我们学习、生活、工作的方方面面，它是一种重要的专业能力。

数学是一门极端理性的抽象学科，可是恰恰在这一领域看似感性主观的自省能力对能否学好数学起着至关重要的作用。荷兰著名数学家和数学教育家费赖登塔尔教授指出：“反思是数学思维活动的核心和动力。”美籍数学教育家波利亚也说：“如果没有了反思，他们就错过了解题的一次重要而有效益的方面。”专家们之所以强调自省反思的重要性，是因为在数学思维活动中，如果不善于对自己的思考过程进行反思，不会分析、评价和判断自己思考方法的优劣，学生也就不会总结和纠正自己的错误。而且越是复杂问题，要求对思路的反省越深刻，只有这样才能真正掌握解题的技巧方法。在现实教学中，由于编写教材一般采用学生易于理解、便于接受的方式，省去了知识的形成过程，问题的条件和结论都是经过抽象，理性化形成的，推理也是正确的，因此学生顺着教材的思路就基本上理解了。然而这种简单的复制理解一旦遇到题型变换的情况学生就会不知所措，关键原因就在于缺少自省反思，在于没有把别人的思路与自己的思路进行比较，没有在自己与专家的思路差异中发现不足并总结经验，因此也就无法领悟和提升自己的解题能力。

有人说：总结是进步的阶梯。聪明人之所以不会被同一块石头绊倒两次是因为他们懂得总结。人们对内在自我的总结主要就是靠自省能力。当人作为个体与社会环境进行互动时，只有不断地对自己的所作所为进行一个再反思、再认知的过程，才能在以后的行动中随时调整自己行为处事的方式，优化改善解决问题的办法。在现实中，那些自省能力较高的人通常被称为很有"自知之明"的人，这类人能够清楚地把握自己的情绪、动机、脾性，能恰当地认识自己的特点、长处和短处，并能据此作出适当的行为。有此强项的人会有比较强的自律、自控能力，并且具有自尊心和自信心。相反，那些确缺乏"自知之明"的人总是会在工作和职场中平添不少障碍和烦恼，无端地四处碰壁，却又一直执迷不悟。例如，有些人在生活中一次又一次犯着同样的错误，他们或是得不到领导的赏识提拔，或是周围的人都不愿意帮助他，或是婚姻家庭非常失败，等等。这些人总是不能理解倒霉的事情为什么持续不断发生在自己的头上，他们感觉问题不是出在他们自己的身上，是命中注定或者是别人的原因。当然，旁观者是比较容易看出为什么他们会有这么多困难的，因为他们缺乏反思和控制自我的能力。

美国的心理学家波斯纳提出一条成长的公式：成长＝经验＋反思。他认为自省能力是一个人持续发展所必备的素质之一，只有学会对内心自我深度反思，一个人才能不断矫正错误，不断探索和走向新的境界。其实，不仅个人的成功有赖于自省能力，任何学科和组织的进步发展也离不开对自我的深刻反思。爱因斯坦如果不是对牛顿经典物理学作了深刻的反思，他就不会创建相对论，实现对传统物理学的彻底革命，完成物理学第三次理论大综合，进一步奠定了日后物理学发展的基石。综观科学发展史，一门学科如果缺乏自我批判精神，它的发展就会陷入迟缓停止；而任何一次重大的学科突破都是以否定传统经典公理法则为代价的，科学每次的深刻自省反思都会激发革命性的新理论诞生。

今天，科学反思、教育反思、历史反思、艺术反思、政策反思、管理反思等名词概念在报纸媒体上随处可见，而反思的对象越复杂，对人们自省能力的要求就越高。“三流管理者学管理知识，二流管理者学管理技巧，一流管理者修炼管理心智。”这是“学习型组织”提出者、《第五项修炼》作者彼得圣吉的著名理念。作为一名管理者，自我心智的健康直接决定团队和组织的成败。如何修炼自我心智，成为很多管理者的必修功课。现在，欧美工商企业界纷纷把自省能力的学习和修炼引入企业高级管理人员的教育培训课程中，希望提升自省能力发现管理者头脑中的“心智地图”，并通过优化或突破旧的“心智地图”实现企业经营的战略性变革。对于管理者来讲，世界上只有三件事：我的事、别人的事、企业的事。一个管理者从“我的事”切入，把管他人的事和企业的事的精力用来管好“我的事”，不断地反思完善：我的责任、我的沟通方式、我的智慧、我的境界……

自然而然，别人的事、企业的事也就逐渐地优化完善了。从外求到内求的转变是一个管理者心智修炼的关键转折点，而要顺利实现这一关键性转折就离不开训练有素的自省能力。

在开发商业思维潜能模式中，自省能力的训练主要有以下八大类方法。

第一，缺点自省法

缺点自省法是对自我缺点进行反思的思维方法，客观的自我批评就属于此类方法的应用。出于维护自我的心理，人们总是不愿意正视自己的一些缺陷，这样就容易犯归因于外的错误，即把任何失误矛盾的原因都归结于外在，而不敢承认某些失误实际上是由于自我的缺陷造成的。缺点自省法的作用就是训练和帮助人们清晰地觉察自身不足并予以纠正。

第二，优点自省法

优点自省法是对自我优点进行反思的思维方法，客观的自我激励就属于此类方法的应用。由于性格内向、自卑、失败、挫折等原因，人们往往会对自己产生不自信的心理，进而忽视自身的优点，只看到自己的缺点，结果导致能力发挥失常，或者是给自己头脑设限，白白地错失许多机会。优点自省法的作用就是训练和帮助人们挖掘自身的优势，并将优势有效地转化为胜势。

第三，观念自省法

观念自省法是对思想观念进行反思的思维方法。通常人们对自己的人生观念、信仰观念、道德观念、价值观念、婚姻观念的反省就属于此类方法的应用。观念是人们思维活动的航向标，一般有什么观念就有什么样的思维取向。比如，有神论者与无神论者的信仰观念不同，他们做事方式或行为禁忌就会大不相同。观念自省法的主要训练内容是如何甄别观念的对错，如何转变观念，如何创新观念，等等。

第四，思路自省法

思路自省法是对思维过程进行反思的思维方法。人们任何有形的行为都是由大脑无形的思维决定的：思维错误，行为必然错误；思维混乱，行为必然混乱；思维笨拙，行为必然笨拙；思维单一，行为必然单一，等等。因此，对思维过程进行反思总结是优化、完善行为的关键。在国外教育中有一种大声思维法，就是要求学生把自己的解题思维过程大声地表达出来，通过这种方式促进学生对自己思路的觉察和认知,以提高解题能力。另外,教师在教学中经常问学生："你还有其他解法吗？""你的想法与别人的有什么不同？""你的方法好在哪里？"等等，这样的提问也属于一种诱发学生反思自省解题思路的方法。

第五，心态自省法

心态自省法是对心理情绪进行反思调控的思维方法。现代人的生活节奏加快，与此相应的是人们的情绪变化和心理压力也骤然加剧，孤独、浮躁、压抑、忧郁、消极、迁怒、攀比、忌妒等负面心理情绪纷至沓来。人们的心理情绪会直接影响个人的言行，而言行不当就会影响自己的生活和工作，还会影响他人。心态自省就是要求人们学会时刻警惕负面心理的侵蚀，掌握抵御和化解不良情绪的方法技巧。

第六，类比自省法

类比自省法是通过比较进行反思自我的思维方法。圣人孔子有句名言："见贤思齐焉，见不贤而内自省也。"许多时候人们单纯通过自我反思很难给自己一个准确的定位，可是如果引进一个对比的参照坐标，就很容易觉察自己的优劣与得失，类比自省就是要学会选择科学的比较参照坐标来反省自我。比如，以成功者为类比对象，反省自己在观念、智慧、知识、能力、习惯等方面的缺陷，找到自我完善的目标。

第七，策略自省法

策略自省法是以对策略进行反思自悟的思维方法。在这里策略是指方法、技巧、窍门、秘诀等。无论人们思考问题还是工作实践都需要策略，策略可以提高人们的思维效率和实践效率。众所周知，做错、做对、做好是三个不同层次的概念，策略自省就是要反思总结为什么做错，如何做对，怎样做得更好。这是一个对自己的旧智进行深思，直至顿悟出新智的自省思维过程。

第八，心智图自省法

心智图自省法是对自我的心智地图进行反思调控的思维方法。心智图是指隐藏在潜意识中，对人们的思维和行为起着类似地图作用的坐标系统。心智图根据不同的对象或目标可分为管理心智图、职业心智图、幸福心智图、财富心智图、事业心智图、成长心智图等。另外，对心智图的自省又分为觉察、内求、突破三个修炼阶段。心智图是一个集成式的概念，它把所有影响人们思维或行为的潜意识因素转化为直观通俗的地图概念，这可以帮助人们更容易洞察和理解自己的内心世界图景。

有人曾将人和动物作过区分，认为人和动物最大的不同之处是，动物只长有两只眼睛，而人却长有三只眼睛。这也许是造物主的有意安排，是对人类的无比恩宠吧！正是因为拥有“第三只眼睛”（自省），人类产生了自我意识，开始对自己进行反思并不断地完善。它比另外两只眼看得更多、更远、更深刻，是我们每个人身上都具有的一种天赋本能。不过一个人要想睁开“第三只眼睛”并不是那么容易的一件事情，这需要我们把自省当成一种能力去刻苦修炼，只有这样我们才能拥有神奇的“第三慧眼”。

第二章　把握创富商机

世界上只要有人的地方就有商机。一等人创造机会，二等人利用机会，三等人等待机会，四等人没有机会。发现创业机会和创造创业机会不是一件容易的事情，对于创业者来说，发现创业机会和创造机会的能力是必备的素质之一。创业者在日常生活中需有意识地加强实践，培养和提高把握创富商机的能力。

一、培养商业感觉

这里讲的敏感不是神经过敏。神经过敏的人，像琼瑶小说里的那些角色，可以当花瓶，可以做茶余饭后的消遣，唯独不适合创业。创业者要敏感,要对外界变化敏感,尤其是对商业机会作出快速反应。

潘石屹成为商场红人是有其理由的。有谁能够隔着桌子从几个不相干之人的一句话里听出8亿元的商机？别人不能，但潘石屹能。别人没有这个本事，潘石屹有这个本事。

1992年，潘石屹还在海南万通集团任财务部经理。万通集团由冯仑、王功权等人于1991年在海南创立。冯仑、王功权都曾在南德集团做过事，当年都是“中国首富”牟其中手下的谋士。万通成立的头两年，通过在海南炒楼赚了不少钱。1992年，随着海南楼市泡沫的破灭，冯仑等人决定将万通移师北京，派潘石屹打前锋。

潘石屹奉冯仑的将令，带着5万元差旅费来到了北京。这天，潘石屹在怀柔县政府食堂吃饭，听旁边吃饭的人说北京市给了怀柔四个定向募集资金的股份制公司指标，没人愿意做。在深圳待过的潘石屹知道指标就是钱，他不动声色地跟怀柔县体改办主任边吃边聊："我们来做一个行不行？"体改办主任说："好哇！可是现在来不及了，要准备六份材料，下星期就报上去。"

潘石屹立即将这个信息告诉了冯仑，冯仑马上让他找北京市体改委的一位负责人。这位领导说："这是件好事，你们愿意做就是积极支持改革，可以给你们宽限几天。"做定向募集资金的股份制公司，按要求需要找两个"中"字头的发起单位。通过各种关系，潘石屹找到中国工程学会联合会和中国煤炭科学研究院作为发起单位。万事俱备，潘石屹用刚刚花4万元买的一部手机打电话问冯仑："准备做多大？"冯仑说："要和王功权商量一下。"王功权说："咱们现在做事情，肯定要上亿元。"

潘石屹在电话那边催促冯仑快作决定："这边还等着上报材料呢！"冯仑在电话那头告诉潘石屹："8最吉利，就注册8亿元吧！"就这样，北京万通在什么都没做的情况下拿到了8亿元的现金融资。

以上就是潘石屹那个"一言8亿"的传奇故事。万通集团在海南赔了本，多亏了潘石屹这一耳朵"听"来的8亿元，才有了万通集团的今天。后来兄弟几个闹分家，于是诞生了潘石屹现在的红石和北京大北窑旁边的现代城。

潘石屹能赚到这笔钱不是出自偶然，而是源于他的商业敏感。

陈索斌也是个敏感的人。陈索斌是一个“海归”，在美国留过学，有经济学硕士的头衔。陈索斌所学与蜡烛无关，在创业之前他亦从未与蜡烛行业有过任何接触。为什么他会选择时尚蜡烛作为自己的创业方向呢？原来有这样一段经历。

1993 年的一天晚上，陈索斌到一位朋友家中谈事，突然遇到停电。朋友的妻子赶紧找出一截红蜡烛点上，烛光下红彤彤的蜡烛冒着一股黑烟，忽明忽暗。朋友的妻子在旁边抱怨说：“如今卫星都能上天了，怎么这蜡烛还是老样子？谁要是能捣鼓出不冒黑烟的蜡烛，说不定能得个诺贝尔奖什么的。”就是这样一句话触动了陈索斌，于是不久就有了“金王”。再不久，“金王”成了中国的时尚蜡烛之王。随着“金王”的成功，陈索斌自然而然也就成了亿万富翁。

对蜡烛黑烟的抱怨，相信不只陈索斌一个人听到过，为什么只有他抓住了这个机会呢？这只能归结于陈索斌具有比一般人更加强烈的商业敏感。

如果说潘石屹、陈索斌最初的财富都是用耳朵“听”来的，那么夏明宪最初的财富就是用眼睛“看”来的。

1989 年，在山城重庆开着一家小五金杂货店的夏明宪，忽然发现来买水管接头（一种钢管）的人多了起来。他觉得很奇怪，这些人买这么多水管接头干什么用？后来一打听，才发现是一些先富起来的山城人为了自身和家庭财产的安全，开始加固家里的门窗。买水管接头，就是为了将它们焊接起来，做成铁门防盗（那时候还没有防盗门的概念）。夏明宪发现这个秘密后，立即意识到自己的机会来了。他马上租了一个废置的防空洞，买来相应的工具，使用刨、锯、焊、磨各种加工工艺干了起来。一个多星期，他就做了 20 多扇“铁棍门”，赚了一大笔钱。后来，顺着这个思路不断发展，就有了现在的“美心防盗门”，与“盼盼”防盗门一起成为中国防盗门行业两块响当当的品牌。原来的五金店小老板变成了现在的防盗门大老板，成为山城重庆数得着的一个财主。

这样的故事有很多。上海有名的亿万富翁、洗浴业和餐饮业大佬施有毅（上海云海实业股份有限公司董事长）也是依靠过人的商业敏感发达起来的。

施有毅这样叙述自己的经历：“1995 年，我从美国夏威夷坐飞机到东京……朋友带我到一个浴场去……通过洗这个澡，我茅塞顿开，觉得这个搬到中国非常好。”就是这样的一个日本浴，后来洗出了施有毅的万贯家财。施有毅十分敏感。公安部发布法令，严禁驾驶员过度疲劳驾驶车辆：从事公路客运的驾驶员，一次连续驾驶车辆不得超过三个小时；24 小时内实际驾驶时间累计不得超过八个小时。他得知后的第一反应，就是决定到高速公路旁边去建汽车旅馆。

一些人的商业敏感来自耳朵，一些人的商业敏感来自眼睛，还有一些人的商业敏感来自于自己的两条腿。

北京人都很熟悉什刹海边那些拉洋车的，黑红两色的装饰，非常显眼。这些人都是一个叫徐勇的年轻人的部下。1990年，爱好摄影的徐勇出版了一本名叫《胡同101像》的摄影集，有些对中国民俗感兴趣的外国朋友看到这本影集，就开始请徐勇带他们去胡同参观，讲解胡同文化历史。徐勇立刻意识到这里有机会。不久，他的以北京"坐三轮逛胡同"为主题的旅游公司办了起来。起初徐勇将自己的想法告诉朋友和家人，几乎遭到了所有人的一致反对，大家认为北京可看的东西太多了，故宫、长城、颐和园……哪一个不比胡同更吸引人，有多少到北京来的人会有兴趣去看那些破破烂烂的胡同，北京本地人更不会有兴趣。政府有关部门当时也不看好他的主意。现在，徐勇的"胡同游"却日进斗金，让所有的人大跌眼镜。

北京人说一个人不懂事，会说他"没有眼力见儿"，意思是看不出好歹。其实，面对每天在眼前溜来溜去的商业机会，有几个人是有"眼力见儿"的？

张维仰和北京大学名教授张维迎就差一个字，现在是深圳市东江环保股份有限公司董事长。这家公司是国内第一家在香港上市的民营环保企业。1987年以前，张维仰只是深圳市城管部门的一个普通员工。一天，深圳蛇口的一家外资企业找到深圳市城管部门，提出以每吨500港元的高价帮忙处置其公司产生的工业垃圾。城管部门派人拉回来两三吨废物，却不知如何处理。一位工作人员将这些垃圾拿到实验室化验，发现废物中铜的含量很高，经过技术手段加以综合处理，可以制成广泛应用于工业和农业的化工原料硫酸铜。这件事当时没有谁留意，却被旁边的张维仰默默地记在了心里。不久，张维仰辞职创业，从为深圳企业处理垃圾做起，后来发展到垃圾的无害化处理和变废为宝。当时适逢国家大力倡导环保，好风凭借力，张维仰一下子便发达了起来。

应该说，当时这个机会摆在张维仰的每一个同事面前，大家机会是均等的。最后只有张维仰抓住了这个机会，因为他的商业感觉更好，再加上他具有强大的行动力，所以他能够最后胜出。

谈及商业敏感，不能不谈梁伯强。在财富道路上，梁伯强不是一个幸运儿。他曾经几次被命运打倒在地，但最后又倔犟地爬起来。他积累的财富几度灰飞烟灭，但又一次次在他“再来一次”的喊声中重新聚拢。

1998年，或许是出于感动，命运改变了对梁伯强的态度，开始对他眷顾起来。这年4月的一天，梁伯强偶然在一张别人用来包东西的旧报纸上读到一篇文章。这篇文章的名字叫做《话说指甲钳》。文章说，1997年10月27日，时任国务院副总理的朱镕基在中南海会见全国轻工企业第五届职工代表时说：“（你们）要盯住市场缺口找活路，比如指甲钳，我们生产的指甲钳，剪了两天就剪不动指甲了，使大劲也剪不断。”文章说，当时朱镕基副总理还特意带来三把台湾朋友送给他的指甲钳，向与会代表展示其过硬的质量、美观的造型和实用的功能，并以此为例，激励大家要对产品质量高度重视，希望科技进步和技术创新，开发更多更好的新产品，把产品档次、质量尽快提高上去。

梁伯强读到这篇文章，眼前一亮。他再一了解，得知这件事令当时国家轻工部压力很大，为此成立了专案小组。轻工部还联合五金制品协会在江浙开了几次会议，寻求突破这个问题的方案，却没有根本解决。梁伯强得知这些情况后非常兴奋，因为他做了十多年的五金制品，这正是他擅长的事情。他知道机会来了。梁伯强的“非常小器·圣雅伦”指甲钳就是在这种背景下产生的，现在，梁伯强号称“世界指甲钳大王”。一个一向不顺的创业者，在蹉跎了半辈子后，终于靠自己的一次敏悟改变了命运。

当然，梁伯强的成功，还有很重要的一点，就是他懂得前文所讲的明势与借势。他借的是朱镕基讲话之势，借的是轻工部“老房子着火”之势，因而一举成功、一鸣惊人。

有些人的商业感觉是天生的，更多人的商业感觉则依靠后天培养。如果你有心做一个商人，你就应该认真训练自己的商业感觉。良好的商业感觉，是创业者成功的最好保证。

二、获取商业灵感

获取商业灵感的过程并不是神秘莫测的。创新是有组织的活动，因而在开展的过程中要遵循一定的原则。如果不根据这些原则去有目的地创新，我们面对机会只能失之交臂。

有了一个灵感，意味着有了一项创新。商业创新既是有效的，又是有序的，其中有规律可循。

第一，创新需要有高素质人才

创新需要知识，而且往往需要大量的聪明才智。显而易见，创新者比一般人更聪明。电脑的发明并且不断升级就有力地说明了这一点。另外，创新很少涉足多个领域。爱迪生的所有发明只限于电学领域。金融领域的创新者，如花旗银行，不可能在零售或医疗领域进行创新。创新与其他工作一样，讲究才干、天赋。当所有条件都具备时，创新就变成辛苦、专注和有目的的工作，需要勤奋、恒心和责任。

第二，创新要扬长避短

对于直接进行创新的创新者本身，必须立足自己的长项。成功的创新者会在多方面看到机遇，但是，他们会问："这些机遇中，哪个会最适合我，并能够发挥我的长处和实力？"当然，从这一方面来说，创新与其他工作并无二致。由于创新的风险和由此产生的对知识和实干能力的重视，因此发挥长处对创新显得尤为重要。对于领导创新者来说,要尽力引导"创新者"扬长避短,知人善任。此外，与其他工作一样，创新也讲究气质上的"吻合"。企业在自己并不真正懂得的领域不会有出色的表现，由自认为"严肃正经"的科学人士运营的医药公司不会在口红或香水这些"轻量级"的领域干出成就。因此，创新者需要在气质上与创新机遇合拍，而且机遇必须使创新者可以扬长避短，能够充分发挥自己的实力。

第三，创新要有聪明的点子

聪明的点子是创新的起点。例如，十个专利中就有七八个是由聪明的点子发展而来。大部分新企业都是建立在"聪明的点子"之上：拉链、圆珠笔、喷雾器、易拉罐等问世都是源于聪明的点子。许多企业所谓的研究，其目的就是为了发掘和挖掘点子，不论是为燕麦早餐或软饮料提供新口味，或想出更好的跑鞋，或是更好的不烧焦的熨斗等。创新必须与市场紧密相连，专注于市场，而且由市场来推动。

第四，创新要有稳健性

为了鼓励创新，人们常宽容、潇洒地说："不要怕犯错误。"这在中国改革开放初期也许是很必要的，因为那时的人们还不太习惯变革，创新非常需要鼓励。其实以"不要怕犯错误"的姿态对待创新是鲁莽的，也是对创新的错误的认识。"不要怕犯错误"往往意味着冒险，而创新绝不是冒险。实际上，事业心强的人之所以甘冒创新的风险，并不是因为他们喜欢冒险，而是他们明白如果不去创新，将面临着更大的风险。进入新的世纪，面对迅速多变的环境，人们必须以创新的精神去迎接挑战，抓住机遇，而不断的创新又会使社会发生更加迅速的变化。变化—创新—变化是一个永无止境的螺旋式的前进过程。不要说拒绝创新，就是创新得稍慢一点儿，都可能被发展的大潮所淹没。

三、寻找创业商机

只有要抓住创业商机才能够有挣钱的机会。那么，我们抓住了创业商机就一定能够挣到钱吗？并不是的，抓住了创业商机，还需要把创业商机转化为财富。将商机转化为财富，必定满足五个"合适"：合适的产品或服务，合适的客户，合适的价格，合适的时间和地点，合格的营销渠道。

商机无论大小，从经济意义上讲一定是能由此产生利润的机会。商机表现为需求的产生与满足的方式在时间、地点、成本、数量、对象上的不平衡状态。旧的商机消失后，新的商机又会出现。没有商机，就不会有交易活动。

我们能认识的商机大致可归结为以下 14 种。

1. 短缺性商机。物以稀为贵。短缺是商业经济运行的第一动因。空气不短缺，可在高原或在密封的空间里，空气也会成为商机。一切有用而短缺的东西都可以成为商机，如高技术、真情、真品、知识等。

2. 时间性商机。远水解不了近渴。在需求表现为时间时，时间就是商机。飞机比火车快，激素虽不治病却能缓解某些病痛，它们都有商机存在。

3. 价格与成本商机。水往低处流，货往高价上卖。在满足需求的基础上，更低成本、更低价格的替代物就是商机，如国产货或国产软件。

4. 方便性商机。由于人们总是花钱买方便,所以超市与小店并存。手机比座机贵，可实时性好，所以手机是好商机。

5. 通用需求商机。人们的生存需求周而复始,永续不完,如吃、穿、住、行每天都在继续，有人的地方，就有这种商机。

6. 价值发现性商机。天生某物必有用。一旦司空见惯的东西出现了新用途定是身价大增，比如在“非典”肆虐期间，由于板蓝根能防非典，醋能消毒，于是价格大涨，商家猛赚!

7. 中间性商机。螳螂捕蝉，黄雀在后。在经营中人们总是急功近利,盯住最终端,不择手段。比如挖金矿时,不会计较买水的价格,结果黄金没挖着，肥了卖水的。

8. 基础性商机，即引起所有商机的商机。对长期的投资者来说，这是重要的。如社会制度、基础建设、商业规则等，中国在加入WTO之后引发了一系列商机。

9. 战略商机，即未来一段时间必然出现的重大商机。在改革开放初期，国人面临的“下岗”商机今天变成了“致富”现实，就是今天的致富者曾经主动下岗，从而利用了当年的战略商机。

10. 关联性商机。一荣俱荣，一损俱损，这是由需求的互补性、继承性、选择性决定。应当看到地区间、行业间、商品间的关联性商机。

11. 系统性商机。发源于某一独立价值链上的纵向商机。如电信繁荣，IT 需求旺盛，IT 厂商赢利，众多配套商增加，增值服务商出现，电信消费大众化。

12. 文化与习惯性商机。由生活方式决定的一些商机。比如，各种节日用品、生活品和礼品，以及宗教用品。

13. 回归性商机。人们远离过去追随时尚一段时期之后，过去的东西又成为“短缺”物，回归心理必然出现。至于何时回归，怎样回归，这就看商家的理解了。

14. 灾难性商机。由重大的突发危机事件引起的商机。

当你看到了创业商机之后，有想法、有点子只是第一步，并不是每个大胆的想法都能转化为创业的机会。如何判断是否是一个好的商业机会呢？创业专家认为，好的商业机会有四个特征：一是它能吸引顾客；二是它能在商业环境中行得通；三是它必须在竞争对手想到之前及时地推出，并有足够的市场推广的时间；四是必须有与之相关的资源，包括人、财、物、信息、时间以及技能。

在激烈的市场竞争中，想要发现商机，捕捉商机，还应注意下面三点。

一是以市场为标准，确定商业机会的范围。选择商业机会时只需要考虑市场的前景如何，不要考虑自己熟悉与否。许多人创业时倾向于选择自己熟悉的行业去做，这无可厚非，甚至在很多情况下是可取的。但是，创业者所关注的范围不要因自己的专业而受到限制，要跳出自己的小圈子，从市场的角度来考虑问题。这样，就有可能发现极具市场前景的商业机会。

二是从实际出发，选择商业机会。在选择商业机会时，创业者要考虑所需要的资源，包括物质上的、人力上的和技术上的资源，并初步估算一下新创立的企业在今后一两年内的成本和收益状况。在通盘考虑时，要结合创业者自身的专长、兴趣以及所需承担的风险，以评定该商业机会的利弊，并作出决定。

三是机不可失，立即开始行动。兵贵神速，迟缓、犹豫都会使商机稍纵即逝。在选择确定商业机会之后，创业者千万不能犹豫，这是创业者要获得成功的必备要素，即“决策之前慎之又慎，决策之后坚决果断”。在商海遨游中，创业者切忌优柔寡断，否则会因此而人心涣散，大好的商业机会会稍纵即逝。

四、把握创业商机

市场商机无处不在，关键在于能否用好自己的智谋。对市场出现的新形势、新变化，创业者要善于发现把握其潜在的商机。特别是面对商品供过于求的局面，创业者应当寻找市场突破口，获得新的发展空间。

在过去的数十年中，每 10 年就会有一些满足人们的物质、文化需求的伟大产品出现。20 世纪 70 年代是微波炉，20 世纪 80 年代是录像机，20 世纪 90 年代是电脑和互联网。在 20 世纪 80 年代把握机会的人，现在都已成为百万富翁，在 20 世纪 90 年代把握机会的人，则已成为亿万富翁。在未来若干年中，也一定会出现这样的机会。比如，健康产业在 20 多年前并不存在，但如今的健康产业，其收益十分惊人。为什么会有这么大的增长呢？为什么可以预计它呢？因为在过去的 20 多年中，第二次世界大战后出现的新生族主宰了经济的发展。这种健康产业是否就是你值得把握的机会呢？如果你愿意把握，这就是你前所未有的机会。你怎样把握这个机会呢？你可以成为医护从业人员，或者成为健康产品的生产商、零售商甚至是分销商。

成为医护从业人员，需要付出高昂的学费、保险费，需要长时间不停地学习和工作。成为生产商，需要投入大量的资金建立基础设施、从事项目开发。成为零售商，需要负担庞大的经营费用、员工薪金、库存费用，还需要每星期工作七天。事实上，最有利的就是分销商。我们可以得出这样的结论：在未来的二三十年，最大的财富并不在于生产，而在于分销。美国最大的百货连锁店沃尔玛、联邦快递以及在互联网上卖书的亚马逊均从事分销业务，他们都有一个相同的名称——分销商。这些公司把顾客认可和必需的产品或服务进行有效的分销，创造了巨额财富。显而易见，在获得财富的过程中，分销成为最重要的创造财富的渠道，人们通过做健康产业的生意参与世界财富的分配，这是一种经济效益颇佳的生意。更好的产品、更好的分销给每个人带来更好的机会。

以下几方面内容可供创业者参考。

第一，对市场进行分析

处于不同的地区与阶层的人群有着不同的市场需求，企业可以通过时间差、地区差，从市场商铺的品种、规格、型号、式样结构等差异中寻找市场机会。如在高收入人群的市场中，还没有可供消费的高档商品；或者人们消费水平过低，市场上忽略了极低档次的商品，这些都是商机所在。以市场为对象，运用科学、系统的方法搜集、整理、分析，有目的、有计划地对市场需求及顾客意见进行了解，从而得出较为准确的预测，成为开拓占领市场的向导。市场细分可以帮助企业判断营销机会，弄清潜在客户的需求，选择并确定目标市场，有助于发现市场机会和开拓目标市场。

以“信息流”来指导“物质流”是现代市场竞争的重要特征。要把握竞争，就必须具有对信息的高度敏感和快速反应。不管是制定营销策略，还是开发新产品、谋划企业未来发展，都应把信息与情报工作放在基础位置上。

第二，做未来成长空间大的行业

比尔·盖茨曾说：新世纪，掌握资讯并不是最重要的，掌握未来的市场趋势才是最重要的。很多人都在掌握信息，而最会赚钱的人则是在掌握趋势，而且他们是在掌握整个市场的最大趋势。

我们不仅要做竞争对手少的行业，还要找现在顾客不太多的行业来做。创业除了找热门行业，也可以找些冷门行业，往往在冷门行业里蕴藏着商机。比如另类宠物行业，这是个新兴行业。越来越多的人开始痴迷于另类宠物，在未来另类宠物还会有更大的需求量。随着外来文化进入中国，已经有越来越多的人开始关注另类的时尚。这个项目打破了传统宠物在中国的统治地位，另类宠物市场在很多城市正在兴起。再比如水培花卉（植物）项目，由于其具有极高的观赏价值和经济价值,市场“钱”景很广阔。随着水培花卉（植物）市场销售的升温，目前正是投资这个行业的绝佳机会。

第三，准确定位，发挥专业优势

投资人总是首先试图从企业的商业计划书中获得创业者对于企业的定位，这就是说创业者得有与众不同的定位。

许多工人下岗失业并不是因为自己没有技术或技术不佳，而是由于非主观的种种原因，无法在原来的企业中发挥作用。只要人们主动地走到市场中去，将自己的专业优势或技术优势与市场的需要结合起来，必定能大有作为。

某幼儿园教师田英因为厂里不景气，不到40岁就被“内退”了。她是幼儿老师，自然关注幼儿问题。她发现她家周围小区中5岁以下的小孩就有80名。她以专业眼光发现了这个市场，决定利用自己原来的专业优势办个幼儿园。她把家里仅有的1000多元存款拿了出来，添置了些小家具、玩具和一部脚踏风琴，贴出招生广告：白天托管，包中午饭，每人每月收费800元。第二天就有15位家长带着小孩来报名，幼儿园就这样办起来了。

如果没有专业知识，那就干脆从人们的衣食住行开始做起。许多人尤其是老一代经商的人都知道，吃是永恒的需要，具有永恒的市场，当然就有永恒的生意。人要吃的东西很多，光是这“吃”字就可以做出很多文章来。不光是吃，在人的其他基本生活需要方面，我们也同样可以做出很多文章来。

第四，确立自己的经营模式

创业者在确立企业的经营模式时，一是应该有一个快速成长的规划，应当告诉投资人，自己有多大的野心，将在多长的时间内获得多大的市场占有率，投资人才有机会得到投资的回报。创业者还要证实此规则的可行性。创业者应当为企业描绘一个清楚的远景，让投资人能有所期待。二是关于产品与服务的基本介绍。这要求创业者既能说明创意，又能保护自己的知识产权。创业者并不需要将创业计划中的核心技术问题全面透露，让投资者感到有新意、有市场即可。三是知道最想要解决什么问题，是要解决问题而不是制造问题。因为投资人对创业的领域可能会很陌生，投资人可能会认为不需要太大的成本就能达到同样的效果，所以创业者要清楚地界定准备解决什么样的问题，而不要过度设计。

第五，适应消费者的需要

当今的市场需求已不再是传统的消费观支配下的无选择性的购买。随着人们消费水平的不断提高，必然要求有一个与之相适应的有效市场供给。因此，适应消费者的变化可以创造新的供给商机。首先，消费需求层次是由低向高发展的，它具有梯形递升的规律，企业可以循势寻找市场机会。其次，消费者需求具有可替代性的变化，企业可以从中捕捉市场机会。再者，消费者对商品的消费功能有一定的需求，希望消费功能多、价格低廉，从中可以创造市场，求得机会。

总之，要利用一切时间抓住机会，争取主动权，把“可能”变成“现实”是非常重要的。因此该动手时就动手，不失时机地把握住商机，是成功创业的关键。

五、开发创业思路

人们都喜欢夸耀自己见多识广，对于创业者来说，就不是夸耀，而是要真正的见多识广。广博的见识，开阔的眼界，可以很有效地拉近自己与成功的距离，使创业行动少走弯路。创业者产生创业思路有以下三个来源。

第一，在职业范围内开发创业思路

俗话说，不熟不做。由原来所从事的职业下海，对行业的运作规律、技术、管理都非常熟悉，人脉、市场也熟悉，这样的创业行动成功的概率很大。这是最常见的一种创业的思路。

第二，通过阅读开发创业思路

阅读的范围包括书、报纸、杂志等。比亚迪老总王传福的创业灵感来自一份国际电池行业动态，一份简报似的东西。

1993年的一天，王传福在一份国际电池行业动态上读到，日本宣布本土将不再生产镍镉电池。王传福立刻意识到这将引发镍镉电池生产基地的国际大转移，意识到自己创业的机会来了。果然，随后的几年，王传福利用日本企业撤出留下的市场空隙，加之自己原先在电池行业多年的技术和人脉基础，做得顺风顺水，财富像涨水似的往上涨。他于2002年进入了《福布斯》中国富豪榜。

另一位财富英雄郑永刚，据说将企业做起来后，已经不太过问企业的事情，每天大多时间都花在读书、看报，思考企业战略上面。很多人将读书与休闲等同，对创业者来说，阅读就是工作，是工作的一部分，一定要有这样的意识。

第三，通过行千里路开发创业思路

俗话说，“读万卷书，行千里路”。行路，各处走走看看，是开阔眼界、产生创业思路的好方法。《福布斯》中国富豪里面少有的女富豪之一、万事利集团董事长沈爱琴说自己最喜欢的就是出国，出国不是为了玩，而是为了增长见识，更好地领导企业。

刘力在1995年创立北京大众人拓展训练有限公司，将拓展训练当成自己创业的主要落脚点，其灵感就来自于在英国、瑞典等国考察时对拓展训练的接触。他说：“当初的震撼非文字所能够表达。”回国后，刘力便照猫画虎弄了这么个东西，效果非常好。如今，拓展训练课已经成了都市有产阶级的时尚玩意儿，北京大学等学校在帮助企业训练企业高层管理者时，拓展训练是其中一项重要手段。

西岸是中国最好的几家公关公司之一，其创始人黄勇原来是一名比较成功的科技记者。有关媒体这样描述黄勇的创业："1992 年，黄勇在香港偶然参观了博雅公司在香港的分公司。这次香港之行最后改变了黄勇的命运。博雅的业务让黄勇感觉很有意思，他没想到公关也能成为一种专门的行业。"于是黄勇利用自己做记者时积累的大量资源，先人一步在国内开办起了公关公司。西岸大概是中国最早的完全市场化运作的公关公司之一，后来因为代理微软公司的"维纳斯"（一种机顶盒）而在国内公关界一举成名。

行路意味着什么？眼界意味着什么？如果你是一个创业者，开阔的眼界意味着你不但在创业伊始可以比别人更好地起步，有时候它甚至可以挽救你和你企业的命运。眼界的作用不仅表现在创业者的创业之初，它会一直贯穿于创业者的整个创业历程。我们也可以说："一个人的心胸有多广，他的世界就会有多大。一个创业者的眼界有多宽，他的事业也就会有多大。"

科宝整体厨房如今在国内非常有名，但是科宝在起步时并不是做整体厨房的，其专业是抽油烟机。后来，科宝的创始人蔡明发现不少顾客在买了抽油烟机以后，还会向他们定做几格吊柜、橱柜，以便放置一些厨房用品甚至是冰箱等电器。这时候科宝才开始有意识地向整体厨房方面转型。正如蔡明所说："那时我们理解的整体橱柜就是做几个柜子，把燃气灶和其他厨房用具放在一块就行了。这种状况一直持续到 1999 年 5 月。我去德国科隆参加每两年举行一次的家具配件展，算是开了眼界。看了展会，我发现自己以前做的东西哪能叫整体厨房，简直就是垃圾。"

展会后，蔡明从德国直接去了意大利，雇了一个意大利司机，从北边的威尼斯出发一直南下。他说："我让那司机帮我安排好路线，一路上，只要门上写着 Cucina（意大利语，厨房的意思），我就进去看。看了几十个厂家，每个厂家都有几十个甚至是上百个款式。古典的、现代的、大众的、前卫的，各种流派都看了个遍。到最后，看到 Cucina 我就想吐。"

这一路看了 20 多天，蔡明回到国内，下令把他们以前做的东西全部推倒重来，把欧洲的各种流派、款式融进自己的理念。

科宝，或者说蔡明，在做整体厨房若干年后，一直到 1999 年的欧洲之行，才明白什么叫真正的整体厨房。这就是行千里路的作用。开阔眼界后的老板将原本平庸的企业带入了一个全新的境界。与此同时，老板自己也进入了一个新境界，发现了一个新天地。

六、把握商机需要胆量

什么样的人最适合创业？是赌徒。这样说似乎很荒谬，其实道理很简单，因为创业本身就是一项冒险活动。由于赌徒最有胆量，敢下注，想赢也敢输，所以他们最适合创业。科学研究发现，赌徒的心理承受能力远远强过普通人，而创业正是最需要强大心理承受能力的一项活动。

大凡成功人士都有某种程度的赌性，企业界人士尤其是这样，他们在创业的道路上，都有过"惊险一跳"的经历。这一跳成功了，功成名就，白日飞升；要是跳不成，就只好凤凰涅槃了。

当年周枫带人做婷美，一个500万元的项目，做了两年多，花了440万元还是没有做成。眼看钱就没了，合作伙伴都失去了信心，要周枫把这个项目卖了。周枫说：“这样好的项目不能卖，要卖也要卖个好价钱。”合作伙伴说：“这样的项目怎么能卖到那么多钱，要不然你自己把这个项目买下来算了。”周枫就花5万元把这个项目买了下来。

原来大家在一起有个合伙公司，作为代价，周枫把在这个合伙公司的利益全部放弃了，据说损失有几千万元。单干的周枫带着23名员工，拿自己的房子作抵押，跟几个朋友一共凑了300万元。他把其中5万元存在账上，另外的钱，他算过，一共可以在北京打两个月的广告。从当年的11月到12月底，他告诉员工：“这回做成了咱们就成功了，不成功，你们把那5万元分了，算是你们的遣散费。我不欠你们的工资。咱们就这样了！”

这些话把他的员工感动得差点儿哭出来，当时人人奋勇争先，个个无比卖力，结果婷美就成功了。

周枫成了亿万富翁，他的许多员工成了千万富翁、百万富翁。现在很多大学教授、市场专家分析周枫和婷美成功有诸多原因，其实事情没有这么复杂。说白了，不过是一个合适的产品，加上一个天性敢赌的领导，加上一些合适的营销手段，才有了这样一桩成功的案例。

孙广信与周枫有异曲同工之妙。

孙广信在没有发迹前，只是在乌鲁木齐做一些拼缝之类的小生意。这样的小生意人在商业传统悠久的乌鲁木齐多得是。孙广信起家于做酒楼。

1989 年秋季的一天，孙广信听到有一家专做粤菜的广东酒楼的老板因为欠债跑掉了。孙广信跑到那里一看，嗯，这个酒楼不错，地理位置好，门面也不赖，行，可以做，是个机会。当时他就借了 67 万元把这个广东酒楼盘了下来，又从广东请来好厨子，进了活海鲜，鱼、虾、鳖、蟹，还有活蛇。此前孙广信从来没有做过餐饮业，新疆人吃惯了牛羊肉，对生猛海鲜不感兴趣，感兴趣的人也不敢轻易下箸。头四个月亏了 17 万元，亏得孙广信眼睛发直。他坚持了下来，通过猛打广告猛优惠，将客源提了上来。孙广信终于从酒店里赚到了钱。

中国的酒楼多得是，赚钱的老板都不少，为什么现在只有孙广信出名呢？因为孙广信没事就在酒楼里观察他的顾客，琢磨他的顾客。有一回，一个客人一下定了一桌 5000 元的酒席，把孙广信吓了一跳。在当时 5000 元可不是一个小数。他琢磨：什么人这样有钱，出手这样阔绰？一打听，原来是做石油的。他再一打听，乖乖，了不得，原来做石油这么肥，这么来钱呢！孙广信就开始转行做石油。

后来孙广信成了《福布斯》中国富豪。西气东输的事是连政府都要掂量再三、感觉头痛的工程，他都敢做，而且有资本，做得起。

创业需要胆量，需要冒险。冒险精神是创业精神的一个重要组成部分，但创业毕竟不是赌博。创业家的冒险迥异于冒进。

有这样一个故事对此作了形象的说明。

一个人问一个哲学家：什么叫冒险，什么叫冒进？

哲学家说：就好比有一个山洞，山洞里有一桶金子，你进去把金子拿了出来。假如那山洞有狼，你这样做就是冒险；假如那山洞有老虎，你这样做就是冒进。

这个人表示懂了。

哲学家又说：假如那山洞里只有一捆劈柴，那么，即使那洞里有狗，你钻进去也是冒进。

这个故事说的是什么意思？它的意思是说，冒险是这样一种事情，你经过努力有可能得到你想要的东西，而且那东西值得你得到。否则，你就是冒进，即使死了都不值得。

创业者一定要分清冒险与冒进的关系，要区分清楚什么是勇敢，什么是无知。无知的冒进只会使事情变得更糟，这种行为将变得毫无意义，并且惹人耻笑。

七、市场调研的有效路径

在确定创业方向之前，如果做些市场调查，就能够大大减少失败的概率。有些人说，我们也进行过调查，发现市场上的商品琳琅满目，要什么就有什么。我们想到的项目别人早就想到了，该搞的别人都搞起来了，没有我们的市场了。其实不然。只要有人群的地方，就有人们的生活需求，发现这种需求的关键是我们要细心，要善于思考。

进行市场调研要了解市场供求状况、变化趋势，考察顾客需求是否得到满足，注意观察竞争对手的长处与不足等。我们可以针对以下八个方面对市场情况进行调查研究。

第一，研究大家都在做什么，做什么最挣钱

如果你既缺乏本钱，又没有什么经商的经验，那么你不妨研究一下大家都在做什么，先随大流，这也不失为一种切实可行的选择。看看市面上什么东西最畅销，什么生意最好做，你就迅速加入到这个行业中去。当然，别人做挣钱，并不见得你去做也挣钱，关键是掌握入门的要领。因此，你不妨先向做得好的人虚心学习，学习他们经营的长处，摸清一些做生意的门道，积累必要的经验与资金，学习此行业的知识和技能，体会他们经营的不足之处，在你做的时候力争加以改进。比如，有的下岗职工在开饭店前先到别人开的饭店去打工，虽然苦点儿累点儿，然而一两个月下来便掌握了开饭店的基本要领；有的下岗职工在开美容院前先去别人开的美容院打工学手艺，为自己开业积累知识和经验。

到此，你可以拿出笔和纸，把你所观察和了解到的目前大家都在做的项目一一列下来，然后分析一下这些项目对你来说的可行性，这就是你的一份赚钱的目录。

第二，研究自己家庭生活经常需要什么商品和服务

研究大众需求先从你自己的家庭需要开始。首先研究你家里每天什么东西消费得最多，在你居住的小区购物方便吗？其次研究你家里经常需要哪些服务，比如家用设备维修，孩子上学路远，中午吃饭问题，子女学习辅导以及理发、洗澡、量体裁衣，等等，这些问题在你居住的社区方便吗？再次，研究一下周围的居民小区及的小区的大众需求的方方面面。中国人口众多，一人买一瓶醋，就是10多亿瓶醋，一人用一块肥皂，就需要10多亿块肥皂。普通老百姓衣食住行的日常需要是你稳定而广阔的市场。

然后，把上述需求开列一张表，把你所想到的普通老百姓过日子的一些基本要求和生活难题一一列出，不怕细。如何满足这些需求，如何解决这些难题，就是你赚钱的着眼点，从而编制你的又一份赚钱的目录。

第三，研究社会的热点和公众话题

社会在发展，只要你留心观察，在你的周围都有大大小小的社会热点和公众话题。1990年以后，全国涌现出申办奥运会热、亚运会热、香港回归热、足球热、股票热、房地产热等热点不断。你所生活的城市和社区也会有局部的热点，比如举办什么鲜花节、啤酒节、旅游节、经贸洽谈会、申办卫生城市等热点及公众话题。对政治家来说，热点是政绩和社会繁荣的象征；对普通市民来说，热点是景象，是热闹，是茶余饭后的话题；而对精明的商人来说，热点就是商机，就是挣钱的项目和题材。抓住热点，掌握题材，独居匠心就能挣钱。同时，注意潜在热点的预测和发现，在热点没有完全热起来之前就有所发现，有所准备，在别人没有发现商机时你能发现商机，这就更胜一筹。

好了，拿出笔和纸，把你所感受到的当前的社会热点和潜在的热点一一列出，看一看与热点相关能开发哪些市场现实的需求和潜在的需求，这就是你挣钱的着眼点，从而编制你的另一份赚钱的目录。

第四，研究社会难点，关注社会焦点

20世纪80年代初期，外出办公、经商的人普遍感到住宿难、行路难、吃饭难，如今这三难已基本解决。解决这三难的过程，同时也是商家赚钱的过程。如今，各类饭馆满街都是，解决了吃饭难的问题；各类出租车、小公共、大巴士到处跑，高速公路相继投入运营，飞机航班不断增加，火车提速，解决了行路难的问题；各类高中低档酒店、宾馆、旅馆如雨后春笋般涌现，解决了住宿难的问题。旧的社会难点问题解决了，新的社会难点还在出现。比如，不少农村出现的卖粮难，城市国有企业困难、下岗职工就业难、居民住房难等社会问题。围绕着上述问题的解决，同样充满了各种商机，就看人们能不能发现。比如解决农村卖粮难，可以搞粮食出口和粮食深加工等项目。解决国有企业困难,需要调整产业结构,优化资本结构，这就为搞资产经营带来了难得的机遇，盘活资产的过程其实是挣钱的过程。为解决下岗职工再就业问题兴办一些市场，提供一些必要的服务，发挥下岗职工的优势，同样可以挣钱，至于解决住房难搞房地产业那更是一个前景广阔的行业。

也许你想到的社会难点不多或者太大，你也许会发现你身边和你生活的城市或社区还有这样那样小的社会难点，看你能做哪些文章，这又是你的一份赚钱目录。

第五，研究市场的地区性差异

不同的地区需要不同的产品和服务，地理因素的限制会带来不同地区之间的市场差异。比如，虽然外地有些好的产品和服务项目，但是本地还没有销售或开展业务。同样，本地一些好的产品和服务项目在外地还没有推广。这些就是商机。比如，在城市里过时的商品在农村不一定过时，也许刚刚开始消费；在发达地区过时的商品，也许在内地或边远地区依然畅销；在农村卖不出去的土特产品，也许在城市有广阔的市场。由此可见,市场的地区性差异是永远存在的，关键在于你能不能发现。发现差异并做缩小差异的工作，就是满足市场需求，就是挣钱之道。

第六，研究生活节奏变化而产生的市场需求

现代生活节奏越来越快，越来越多的人接受了“时间就是生命”、“时间就是金钱”的价值观念。快节奏的生活方式必然会产生新的市场需求，用金钱购买时间，是现代都市人时髦的选择。精明的生意人就会看到这一点，就会做各种各样适应人们快节奏生活需求的生意。比如，在吃的方面，中国人口众多，随着人们生活水平的提高和生活节奏的加快，必然要求快餐食品品种更多，数量更大，服务质量更好，在这方面进行市场拓展肯定大有文章可做。在穿的方面，由于生活节奏加快，人们偏爱随意、自然、舒适、简洁的服装，在非正式的场合较少穿着一本正经的西服。在行的方面，拥有私家车对先富起来的人来说已成为现实，出租业已由城市向乡村发展，围绕着交通和汽车配件市场做生意，其前景也十分广阔，随着电信业迅速崛起，各类通信工具不断更新，这方面的商品及服务需求也会不断增加。

另外，还可以围绕着适应快节奏的生活开展一些服务项目，比如，家务钟点工、维修工、物业管理服务、快递、送货服务、上门装收垃圾、电话订货购物、预约上门美容理发、看病治疗等，这些都是可以做的项目。

你可围绕着由于生活节奏加快而引起人们衣食住行等习惯的改变所产生的市场需求细细地想一遍，然后拿出你的笔和纸，写出与此相关的赚钱目录。

第七，研究人们生活方式、生活观念的变化而产生的市场需求

人们在温饱问题解决之后，更多地想到的是享受生活，追求个性完美。由于人们生活方式、生活观念的改变，必然会产生更多新的市场需求。

爱美之心，人皆有之。追求自身的美，希望能青春永驻、潇洒美丽，这以收入较高的城市中青年女性最为突出。她们需要各种各样的美容商品和美容服务。男性也爱美，男人用美容商品，进美容院，今天已不是新鲜事了。不仅年轻人爱美，老年人也爱美。人们不仅追求自身的美，也关注与自身有关的美，比如对于自己穿的衣服，用的东西，住的房间等，都会不断地追求美。围绕着人们对美的追求做文章，你会发现市场潜力巨大。

人们不仅追求美，而且还会追求“健康”。身体健康长寿是每一个人良好的愿望，围绕着人们追求健康长寿的心理也会有大的作为。如现在城市兴起的各类健身房、健美俱乐部、乒乓球馆、保龄球馆等。随着人们生活水平的提高，这方面的需求还会增加。

人们物质生活富裕了，自然要求丰富多彩的精神生活。向人们不断提供丰富多彩、清新高雅的精神文化产品和相关服务也正形成一种新的产业。如今节假日增多，人们闲暇的时间增多，走出家门，走出国门到外面世界走走看看的人越来越多，与此相关的旅游业务和产品之发展前景也十分广阔。

总之，社会在发展，人们的生活观念、生活方式在逐渐发生变化，研究这些变化所带来的现实的需求和潜在的需求，就是你挣钱的着眼点。也许上面所罗列的还不全，请你用笔和纸写下满足人们生活观念和生活方式发展变化而产生的需求，这也是你赚钱的目录。

第八，研究不同消费群体不同的需求特点

商业界有句谚言：“盯住女人与嘴巴的生意就不会亏”。的确，如果你不做女性的生意，那么你的市场空间就很狭小。寻找挣钱之道，就必须想办法赚到女性的钱。在现代社会，女性消费市场的范围日益广阔，女性已成为家庭日常消费品购买的主要决策者和购买者。至于女性专用商品，则基本是由妇女自己决策购买的。我国目前有 15 岁以上的女性达数亿人，其中城镇 15 岁以上的女性人数众多。因此，研究女性这一消费群体的消费心理、消费习惯和消费需求，开发女性消费品和服务市场，前景十分广阔。

儿童是又一重要的消费群体。如今在我国独生子女在家庭中处于一种特殊的地位，据调查，现在很多已婚青年夫妇收入的一半以上用于子女消费。我国目前 14 岁以下的儿童有数亿人，儿童消费品和服务市场是一个十分广阔的天地。

除此之外，还要研究青年消费群体，老年消费群体，男性消费群体等以人的生理的特点和年龄划分的几种特殊消费群体的消费心理、购买行为、消费习惯、消费需求，开发不同群体的消费品和服务市场，开发不同消费群体市场需求的专业化生产经营和专业化服务项目。

八、创业选项应紧跟市场

在选择创业项目的时候，无论是有特色的项目还是没有特色的项目，都要对市场进行研究和考察。创业者只有认真研究和考察后才能进行小本创业项目的实施，只有这样才能保证小本创业的成功，避免由于盲目地选择项目创业而给自己造成损失。创业其实就是人在市场上打拼的过程，你搞加工也好，搞销售也罢，还是搞养殖种植，最后都要通过市场来销售自己的产品和服务。如果你的产品和服务在市场上没有销路，那么你的创业就要面临失败。只有产品和服务在市场上有销路，才能继续创业的步伐。因此创业应该以市场的需求为导向，在选择创业项目的时候要跟着市场走。

第一，靠山吃山，靠水吃水，选择项目最可靠

在创业项目的选择过程中，很多人采取靠山吃山的办法来确定自己的创业项目。靠山吃山的简单意思就是一个人住在山上，他就依靠山来生活，来创业。因为他对山最熟悉，对山里的东西最了解，对山里的东西在市场上的情况最清楚，不用花费更多的时间就能够把握自己想创业的项目的市场情况，要比山外人有优势。靠水吃水也是同样的道理。创业选择项目要以市场为导向，对于一个刚刚创业的人来说，如何在市场中找到自己想创业的项目不是容易的事情。

用靠山吃山、靠水吃水的办法能够减少创业的盲目性。

靠山吃山原来的意思是指一个人要依赖自己的优势来生活，拿创业来说，就是发挥自己的优势进行创业项目的选择。比如创业者的家就在大山里住，他们对山里的情况最熟悉，相对城市人来说这就是他们的优势。在大山里住的人，有的利用山来养羊，有的养鸡，有的种植药材，有的把山上的野猪和家猪进行交配来养殖，有的做山野菜的种植、加工。同样，靠水的地方的人养鱼，靠海的地方的人可以利用旅游季节来设计项目，家住在城市的人就利用城市的优势，选择在城市里创业的项目。采取这种办法选择创业项目有利于避免盲目性，因为这些项目都是在当地形成的传统项目，有固定的市场需求，一般来说容易成功，当然竞争也是存在的，需要创业者在选择项目后用心经营。

靠山吃山式地选择创业项目，除有地理位置型，还有其他的类型。比如还有技能知识型，就是依靠自己的知识和技能的优势来选择创业的项目。举例子说，作为医学专业的大学生就可以凭借所学的专业知识开个个人诊所，学兽医的就找个养牲畜和禽类等项目，这样不但能做到学有所用，更重要的是可以发挥自己的特长，能在创业道路上增强自己的竞争能力，容易了解自己创业项目的整个市场的情况。有的人在餐饮行业打工，创业时就可以利用对餐饮市场的了解和具有这方面的技能的优势开个饭店，做过木工的人就可以开个木匠铺。这样选择的项目是自己的本行，就可以避免出现隔行如隔山的困难，很容易把握住市场。

很多人创业都把自己过去给别人所干过的项目作为自己创业的项目，这样就不必再为了解项目的市场需求情况再多花费时间和精力。有的人利用自己掌握的技能选择相关的创业项目，比如，过去从事家电修理的人就开个家电销售，这样他们在销售家电时能够给别人提供简单免费的维修或较低的修理费用，这样就比别人有优势，就会比别人能占领更多的市场。假如一个人过去曾经给别人做过服装，那么他可以回到家乡开个服装店，可以在进货的同时自己也承揽加工，或者自己做成品来销售，同样也会比别人有优势。

第二，用别人的鸡给自己下蛋，少走弯道

选择创业项目要以市场为导向，可是市场上项目有很多。怎么来研究项目的市场情况，以便在市场中找到一个适合自己创业的项目，让自己感到稳妥呢？有很多的创业者采取了一种非常实际的、简捷方便的办法，那就是依靠某个项目创业成功者的引导和介绍，成功者的项目可以成为创业者选择的项目。这就如同用别人的鸡给自己下蛋，也就是通过复制成功者的项目来进行创业，因此这也叫复制型选择项目。成功者的创业项目经过了市场的检验，说明该项目有市场需求，成功者对项目的市场运行为正在选择创业项目的人提供了一个样板、模式，减少了选择项目的盲目性，是最直接和简单的,减少用更多的时间和精力来考察市场。很多创业者是通过亲戚、朋友、同学或其他渠道看到或听到某个项目很成功，然后对这个项目进行简单的市场研究，发现其具有很广泛的市场，就把这个项目直接复制为自己的创业项目。

这里需要提醒大家的是，有很多网站和电视广告中也有很多的貌似成功的项目，宣传得很到位，特别是很多加盟性质的创业项目，好多的宣传内容会列举很多成功人士的介绍，夸大加盟项目的赢利性，对于风险避而不谈，甚至有的故意做假，雇人在作为样板的加盟店进行购买商品，造成市场火暴的假象，骗取更多的创业者来加盟，以便骗取加盟费。加盟的人一旦掏完加盟费，真正开始操作时，就会知道自己受了骗。因此在选择项目时候，对市场的分析不要光看表面现象，特别是选择加盟性质的项目一定要慎重，要认真分析其市场的发展情况。不要盲目加盟,以免自己在创业开始就蒙受损失,使自己未来的创业更加艰难。

第三，寻找特色项目，既要研究市场，也要有承担风险的意识

很多创业者都喜欢寻找特色创业项目，虽然特色创业项目可以使创业者更容易成功，但也容易使创业者失败，其风险和机遇并存。一般来说，在市场很上少有人来从事特色项目生产和经营，因此没有更多的成功经验可以借鉴，对于项目的市场前景分析就得靠自己的观察和分析，同时要有承担风险的意识和能力。

第四，根据自己情况，结合市场选择项目

选择创业项目最重要的是根据自己的情况，结合市场的情况来确定。不管项目在市场上怎么样好操作，如果自己的条件不允许，创业也纸上谈兵。特别是一般的创业者，由于手中的资金不多，甚至没有，这在一定程度上就决定了选择项目具有局限性。虽然很多人创业是通过不同渠道来筹集资金，但筹集的资金数目也不会相当大。另外，选择创业项目还要考虑地理位置、管理经营以及时间等很多因素，这些因素最后就会在一定程度上制约项目的选择。

因此，许多人创业是先根据自己的情况来确定一个项目，然后再考察市场情况，觉得该项目能发展、有市场，就将它确定为自己创业的项目，要是市场情况不好，就根据自己的条件再进行选择。有的人需要多次这样的操作，最后才确定创业项目。还有的创业者由于受到很多条件限制，无法更多地了解市场，于是采取边创业边了解市场的方法，然后根据市场的具体情况进行调整。虽然这样确定创业项目具有很大的风险，但有的人认为这样会节省很多研究项目市场的时间、精力和财力。当然如果一直研究市场，光说不干，也不能发现问题，也解决不了问题。

只有真正地进行创业实践，才能在创业中发现经验和不足，做得好的地方就发扬光大，做得不足的地方找到原因进行调整，让自己的经营项目更贴近市场和实际。

九、借鉴富豪的挖金方式

名人创业也是一路艰辛，他们大多是经历了坎坷与磨难才终究成就大业。他们的经验可以供创业者活学活用。科学投资杂志社主办的经济类综合性学术期刊《科学投资》认为，中国富豪挖掘第一桶金的方法不下几十种，该期刊曾总结出富豪的“挖金九式”，“挖金九式”所蕴涵的创业精神是值得学习的，“挖金九式”所阐述的创业方法更是值得借鉴的。

第一，“快半拍”式

所谓“快半拍”，就是利用地域差或时间差的商机来赚钱。

使用该式的典型代表是杨斌，他掘的第一桶金为2000万美元。

当杨斌出现在2001年的《福布斯》中国富豪排行榜上，并且排名高居第二时，许多人吃了一惊，因为在此之前，杨斌是一个谁都不曾听闻过的名字。将杨斌视为一匹财富黑马实不过分。杨斌发迹始于20世纪80年代末90年代初开始的东欧剧变，其第一桶金掘自20世纪90年代初与东欧国家，如苏联、罗马尼亚、波兰等进行的跨国贸易。借东欧剧变时机，杨斌向波兰、俄罗斯等国家转售中国计划定价、价格偏低的棉纺产品，后发展到成衣等纺织品，毛利润大都在5倍以上，两三年内杨就积累了大约2000万美元的财富。1992年至1995年期间，杨斌改向国内转售荷兰鲜花，同时向国内花商推销进口荷兰温室和冷库设备。国内花卉业在刚起步时连温室水泥桩都要进口。杨斌由此又积累了大约4亿元人民币的财富。相比之下，如果排除在香港上市，杨斌的欧亚农业到目前为止产生的经济效益极为有限。

利用20世纪80年代末90年代初的东欧剧变，进行跨国贸易或者边境贸易完成原始积累的中国巨富不在少数，香港上市公司欧亚农业董事长杨斌就是其中特别突出的一位。杨斌出生于1963年，他的老家在湖南，5岁即成孤儿，靠吃百家饭长大。据杨斌自述，“18岁以前什么苦都吃过”，他当过兵，1987年赴荷兰留学，27岁开始拥有自己的公司。

据《科学投资》研究，从较为先进地区向较为落后地区进行贸易或产业转移，创富的机会极多，赚大钱的可能性极大。但两地的差距不可过大，以领先半步为宜。这就是“快半拍”贸易法或投资法。此方法不仅在国与国之间有效，而且在同一国家的地区与地区之间也有效。据此方法，亚洲的伊朗、伊拉克等国，南美洲的巴西、阿根廷等国，以及部分非洲国家，都可作为有心创业者下一步关注的目标。必须注意的是，在此类投资、贸易中应严禁“假、冒、伪、劣”，严禁以次充好，以免重蹈中国货在东欧国家的覆辙。“快半拍”的另一重意思，就是所经营的产品可以很容易地被赶上和取代。

第二，“做傍家”式

所谓做傍家，就是向垄断行业靠拢，做垄断行业的傍家。在现行机制下，垄断行业的饭最好吃，垄断行业的钱最好赚，这是众所周知的事情。如果能吃上垄断行业的饭，哪怕只是分享一点儿残羹冷饭，也胜过外面的鲍鱼燕窝。

使用该式的典型代表是王玉锁，他掘的第一桶金为人民币1000元。

王玉锁出生于河北省霸州市，三次高考落榜，从此放弃高考，开始做小生意。王玉锁卖过葵花子、啤酒，还卖过女用泡泡纱背心。他还做过一家塑料厂的业务员，都没有赚到什么钱。1986年春节，生意失败的王玉锁拿着100元钱，准备去租车跑运输，没想到到了那儿人家又不许租车了。在茫然之际，王玉锁忽然想到倒腾燃气能赚钱，于是半途改道来到任丘。具体的经过据说有些故事性。王玉锁到任丘后先住下来，下午去街上闲转，看到有个蔬菜公司卖钢瓶，就问一个姓樊的老大姐有没有气，并且约好了晚上见面。晚上，王玉锁买了一兜子刚下来的杏，骑着租来的自行车找姓樊的大姐去了。一敲门，门开了，王玉锁一看就愣住了，原来是他救过的一个人。那人说："玉锁，你怎么过来了，你怎么不打声招呼啊？"王玉锁说："大哥，怎么是你们家？"那位"大哥"说是呀，结果问题解决了。王玉锁从此"柳暗花明又一村"。"大哥"先让王玉锁捡了一套设备回去，然后由"大哥"负责给王玉锁联系气。

王玉锁就骑着借来的自行车将设备拉回老家，往自家的小卖铺一放，贴了个告示：就这套设备，谁买，先交12罐气的钱，10元钱一罐，是120元。王玉锁说："我这个东西一套是120元，共交240元，我记得很清楚。实际我去买气是一次交一次钱，这样我不就多一些资金了吗？再加上利润，那时一套设备挣40多元。"做饭烧燃气，那时候即使对于许多北京人来说也不是每家每户都有的，何况是在河北廊房。王玉锁的告示贴出来，顾客立刻蜂拥而至，当时就登记了七八套，几天时间就卖出去40多套，王玉锁净赚1000多元。这是王玉锁从燃气中掘到的第一桶金。之后，王玉锁在

"大哥"的帮助下常跑任丘，瞅准燃气，"咬定青山不放松"，终于修成正果，成为中国有名的"燃气大王"和大富豪。

第三，"敢赌"式

《科学投资》研究发现，"赌性"较强几乎是所有有成就的创业者的一个共性。"敢赌"其实就是敢于拼搏，就是有胆识。

使用该式的典型代表是史玉柱，他掘的第一桶金为人民币100万元。

身上有"赌徒"气质的中国民营企业家有一大批，他们中间最大的赌徒是史玉柱。近年来史玉柱一直是中国经济界的风云人物。在20世纪90年代初至90年代中期的中国10大富豪榜上，史玉柱还是唯一一位靠知识发家的富豪。史玉柱的老家在安徽怀远。1984年，史玉柱从浙江大学数学系毕业，分配至安徽省统计局。因工作出色，1986年，安徽统计局认为史玉柱人才难得，将其列入干部第三梯队送至深圳大学软件科学管理系读研究生，毕业回来即是稳稳的处级干部。一般人皆认为史玉柱官运亨通，前程似锦。到深圳后开阔了眼界，同时为深圳"遍地金钱"所打动的史玉柱，深圳大学研究生毕业后所做的第一件事竟是辞职。为此他遭到了领导、亲人的一致反对。然而史玉柱义无反顾，很快带着其在读研究生时开发的M-6401桌面文字处理系统返回深圳。重返深圳的史玉柱一贫如洗，只能借宿于深圳大学学生宿舍，买不起电脑编写程序，便采用"瞒天过海"之手法冒充深圳大学学生混入学生计算机实验室，被管理人员发现驱逐后，史玉柱又通过熟人来到配置有电脑的学校办公室，别人下班他上班，天天苦干到凌晨。

1989年夏，史玉柱自认自己开发的M-6401桌面文字处理系统作为产品已经成熟，便用手中仅有的4000元承包下天津大学深圳电脑部。该部虽名为电脑部却没有一台电脑，仅有一张营业执照。当时深圳电脑价格最便宜一台也要8500元。为了向客户演示、宣传产品，史玉柱决定赌一把，以加价1000元的代价获得推迟付款半个月的“优惠”赊得一台电脑。这样，如果史玉柱在半月之内没有收入，不能付清电脑款项，不但赊购的电脑需要交回，1000元押金也将鸡飞蛋打。为了尽快打开软件销路，史玉柱想到了打广告。他再下赌注，以软件版权做抵押，在《计算机世界》上先做广告后付款，推广预算共计17550元。1989年8月2日，史玉柱在《计算机世界》上打出半个版的广告——“M-6401，历史性的突破。”广告刊出后，史玉柱天天跑邮局看汇款单，整个人几乎为之疯狂。直到第13天，史玉柱终于收到汇款单，不是一笔，而是同时来了数笔。史玉柱长长地出了一口气。此后，汇款便如雪片一般飞来，至当年9月中旬，史玉柱的销售额就已突破10万元。史玉柱付清全部欠账，将余下的钱重新投向广告宣传。四个月后，M-6401桌面文字处理系统的销售额突破100万元。这是史玉柱的第一桶金。此后，史玉柱再接再厉，又陆续开发出M-6402，一直到M-6405汉卡，获得了巨大的成功。然而史玉柱为此付出了惨重的代价，妻子也与他离婚了。

史玉柱在成功开发M系列汉字处理系统以后，见房地产和保健品有利可图，又开始转移阵地做房地产和保健品，开发脑黄金，一直到“巨人事件”出现，史玉柱大厦将倾，继而又东山再起。史玉柱于1993年获珠海第二届科技奖特等奖，珠海市政府奖励其奥迪轿车一辆，三室一厅103平方米住房一套，奖金63万元，引起全国轰动。

史玉柱从打广告中尝到甜头，之后以高密度广告轰炸为主要特点的“史氏营销学”一直贯穿史玉柱商业活动的始终，并在国内企业界风行一时。史玉柱可称为国内“广告轰炸学”的开山鼻祖。

分析史玉柱的创业经历，给人最深刻的印象不是他的广告轰炸，而是他的赌性。在史玉柱的创业经历中,赌性在其中起了重要作用。《科学投资》认为,“赌性”与创业的关系值得进一步研究。

第四，“巧拼缝”式

所谓“拼缝”，指在供求双方之间牵钱搭桥而制造商机赚钱。

使用该式的典型代表是袁宝璟，他掘的第一桶金为人民币200万元。

北京建昊集团董事长袁宝璟幼时家境贫寒。他自述：“兄妹五人，全靠父亲一个人的工资养活全家。有时穷得连衣服都穿不起，就盼着开运动会，那样就有希望获奖。上大学后，不忍心哥哥打工来供学费，便一面读书，一面帮别人推销产品，帮教授抄稿，在校园摆摊卖书，维持基本的生计。工作后，还在节假日期间写字卖钱。那时候太穷了，不得不想办法来补贴家用。一直到后来的下海，都是为穷所逼。”

袁宝璟毕业于中国政法大学，分配至中国建设银行。为了脱贫，1992年，袁宝璟辞去“好不容易得来”的在中国建设银行的工作，到北京怀柔注册建昊实业发展公司，创业资金为多方筹得的20万元。袁宝璟下海后，在资金不足，又乏门路的情况下，将目光瞄向了大专院校和科研院所的大量科研成果。他认为在大专院校和科研院所那些经过论证和鉴定之后就束之高阁、沉睡不醒的科研成果中，埋藏着取之不尽、用之不竭的宝藏。他采取苦行僧的做法，仿照推销员，先是一家一家地敲企业的门，将有技术需求的企业名单和及其所需之技术种类记录在案，再找到各个大学和研究机构，买断相关科研成果，再卖给需要这些成果的企业。

在拼缝的过程中，袁宝璟一直留意着适合自己的项目。他很快相中一个项目。这个项目的名字叫做“小黑麦”，其实是一个基因工程，能够将种子基因进行排序。袁宝璟认为此技术远远高于当时热门的克隆技术，决心将之实现产业化。“小黑麦”成为袁宝璟的建昊公司所做的第一个实业项目。半年后，“小黑麦”成熟，麦种很快占领了全国市场，当年获利200多万元，成为袁宝璟的第一桶金。之后，袁宝璟将这第一桶金善加使用，通过收购和买卖企业实现资本增值，其实是另一种形式的拼缝，迅速地将事业做大。袁宝璟32岁时获得世界传媒集团举办的“世界创业者大奖”，为我国获此奖项的第一人。

袁宝璟的工作经历和创业经历，使其精于资本运作。袁宝璟31岁时就当上了上市公司的董事长，是当时全国最年轻的上市公司董事长。然而他不得善终。2003年11月，袁氏四兄弟以雇凶杀人案被捕。于2006年3月17日被辽宁省高级人民法院判处死刑。袁宝璟是现代中国第一个被判死刑的亿万富翁。

在目前中国的现实情况下，袁宝璟的创业手法具有很大的现实意义，可供所有创业者借鉴、参考。拼缝不仅可应用于企业与科研院所之间的技术交流，同样可应用于地区与地区之间的商品交流，甚至用于资本交流。对于一般人来说，资本拼缝更困难，资本拼缝做不了，其他的拼缝还是可以尝试的。做拼缝的首要条件和关键条件是掌握市场供求信息。

第五，“头啖汤”式

广东人喜欢喝老火靓汤,生意场上却讲究喝“头啖汤”。所谓“头啖汤”，就是第一拨儿出锅的汤。头啖汤味鲜好喝，最重要的是喝头啖汤得起早，不能起早的人没法儿跟你抢。

使用该式的典型代表是黄斌，他掘的第一桶金为人民币50万元。

喝头啖汤有讲究，不但产品的头啖汤好喝，技术的头啖汤、资源的头啖汤都一样好喝。原爱必得创始人黄斌在中关村头一拨儿喝上攒机这碗汤。1993年6月，黄斌在中关村颐宾楼与人合租了一个小门脸儿攒机，当时黄斌只有3000元本钱。开始时因为不熟悉情况，第一笔20多万元的生意就做赔了。当时长春来了一个用户买机器,黄斌报了一个价，用户很惊异，觉得在中关村居然能找到这么便宜的价格的机器，而且服务也不错。谁知是黄斌把价格报错了。等接单后，黄斌准备大干一场时，才发现自己是以低于成本价来报价的，算下来这单生意要亏1万多元。黄斌当时还有两种选择，要么告诉客户算错价格，要求加钱；要么找个借口，推掉这笔生意。在仔细权衡之后，黄斌以做生意一定要讲信誉说服自己，咬着牙把这笔单子做下来。谁知这一来倒成全了他。真是塞翁失马，焉知非福。这个长春客户没想到在中关村还能找到那么便宜的机器，而且质量、服务都不错，于是大概一个月后，他又给黄斌下了个100台的单子。那时中关村电脑配件的行情变化起伏，配件价格降下来后，黄斌把这100台的单子做完，一下子赚了十几万元。从1993年6月到1993年年底，短短半年时间，黄斌靠攒电脑就挣了50万元。黄斌将这50万元视为自己淘得的第一桶金。

除了产品头啖汤外，资源头啖汤、技术头啖汤，甚至概念头啖汤的味道都不错。近几年，卖概念的“人才”集中出现于IT界，虽然投资者亏得直嘬牙花子，但是这并不妨碍出卖概念者在富豪豪榜上拥有一席之地。头啖汤是永远可喝，永远好喝的，关键是你要有眼光，知道在哪里能够找得到头啖汤，而且知道怎样才能将这头啖汤喝到嘴里。否则的话，拿着个碗乱跑，只能让人把你当成个要饭的。

第六，“摘仙桃”式

所谓“摘仙桃”，其实就是人们常说的摘仙派。别人栽树结的硕果，摘下来吃自然很甜。利用别人成功的技术开发自己的产品，自然可以赚大钱。

运用该式的典型代表是胡志标，他掘的第一桶金为人民币1000万元以上。

胡志标是广东省中山市人，生于中山市一个十分偏僻的小山村里。村里人迄今对胡志标最深刻的印象是能吃苦。胡志标因为家境贫寒，没有读过几年书，很早就出来“跑码头”。胡志标对家用电器有一种天生的爱好，从小就以组装半导体为乐。成年后，胡志标弄到一本松下幸之助的自传，从此梦想着要当“中国的松下”。1995年一个偶然的机会，胡志标在中山市东升镇上的一间小饭馆里听到一个消息：有一种叫“数字压缩芯片”的技术正流入中国，用它生产出的播放机叫VCD，用来看盗版碟片比正流行的LD好过百倍，这个东西一定会卖疯。几句话触动了胡志标的心扉。经了解，胡志标得知之前不久已有一家名叫万燕的中国公司正式在国内市场推出VCD产品。胡志标决心加以仿制。1995年7月20日，胡志标26岁生日那天，他以80万元注册成立了一家公司，开始做VCD播放机。其时适逢张学友《每天爱你多一点》刚刚登上流行歌曲排行榜，爱唱卡拉OK的胡志标就此选定新公司名称和品牌叫“爱多”。当年10月，“真心实意，爱多VCD”的广告便在当地电视台播出，宣传效率惊人。同样是在这个月，胡志标将千辛万苦从银行贷到的几百万元钱除留下一部分买原材料外，剩下的一股脑儿全部投进了中央电视台，买下体育新闻前的5秒标版，这是出现在中央电视台的第一条VCD广告。通过广告轰炸，“爱多”迅速打开市场。六个月后，刚在广东市场站稳脚跟的胡志标买了一张中国地图挂在墙上，他发誓要将“爱多”的红旗插遍全中国。

随后，胡志标开始了征服全国的旅程。第一批随胡志标出征的业务员千奇百怪，有卖咸鱼的，有卖雪糕的，有卖假肢的，有卖水泥的，还有刚刚卖完三株口服液的，唯独没有卖过家电的。也正是这一奇怪组合，使胡志标可以百无禁忌，奇招迭出。1996年夏，胡志标即攻下上海市场，完成了第一轮全国推广运动。后来胡志标又找到成龙拍广告，成龙开价450万元，几乎是爱多当年的全部利润。胡志标却很干脆地答应了。不久，成龙版广告播出。“爱多VCD，好功夫”一句话使爱多一夜间风行全国。胡志标再接再厉。1996年11月8日，胡志标揣着成龙的广告片和8000多万元经销商集资款，以8200万元夺得次年中央电视台天气预报后的一个5秒标版，成为当年中央电视台的标王。1997年，爱多销售额从前一年的2亿元骤增至16亿元，奇兵突起，赫然耸立于中国电子50强排行榜。1997至1998年，是胡志标事业的高峰期。1997年年底，胡志标赴荷兰菲利浦公司总部考察，菲利浦公司以“私人飞机加红地毯”的最高规格予以接待。据称，只有对国家元首和公司最重要客户，菲利浦公司才可能予以如此隆重的接待。可见胡志标当时之荣耀。

关于胡志标的第一桶金，没有确切的记载，但从以上情况看，他的第一桶金至少在千万元以上。1999年，胡志标的事业已趋于没落。是年1月18日，胡志标与爱多公司副总裁、原胡志标的助手林莹举行婚礼。当时媒体曾这样报道：九辆白色的奔驰花车开路，中间一辆劳斯莱斯古董车坐着新郎、新娘，又有九辆白色的奔驰花车尾随其后，如果仔细辨认，会发现这些清一色的白色奔驰的车牌号码竟然都是连号的！当时出租车司机们兴奋地在车中用对讲机互相通知：“快来孙文路！快来孙文路！爱多老板胡志标结婚啦！”胡志标当年的豪富气派于此可见一斑。

胡志标的创业经历有许多值得人们回味的地方。想当年，万燕造出全中国第一台VCD播放机，却没能有抓住机会将企业做强做大。胡志标以仿制方法反而赚到了大钱。后来又有许多人反过来效法胡志标，也赚了个盆满钵满。中国富豪中的许多人当年都是采用胡志标的类似方法完成原始积累的，这一点在广东珠三角以及江浙一带表现得尤为明显。榜样的力量无穷，这些地方的众多人士至今尚乐此不疲。不过，这种创业方法因为涉及知识产权问题，未来的路一定会越走越窄，因此《科学投资》认为此法应该慎用。

第七，“蒸桑拿”式

所谓“蒸桑拿”，就是从社会热点中淘金。

运用该式的典型代表是孙震，他掘的第一桶金为人民币30万元。

孙震是其中走得比较远，也是做得比较出色的一个。孙震原是北京电视台的编导。1999年，北京电视台搞制播分离，孙震觉得这是个机会，就出资5万元和另几名投资人合伙，成立了北京东方友人经济咨询有限公司，不久策划出《洋话连篇》，一中一外两个人，以室外情景喜剧的方式，教授中国人最实用的现代英语口语。别看如今《洋话连篇》风光无限，风行大江南北，甚至成了盗版的重点照顾对象，可当初并不是这样。与孙震合伙的几个人做了几个月就“撤伙”了，因为做了几个月还没见到收入，他们觉得这个事儿没戏。谁知他们刚一“撤伙”，以出品教育软件著名的洪恩软件公司就找到孙震，提出以30万元购买《洋话连篇》50集三年的使用权。孙震的第一桶金就是30万元，而且时间只有几个月。现在孙震当初的合伙人不知道后不后悔，不过从旁观者的角度，是挺替他们惋惜的。至2002年1月，《洋话连篇》已在全国60多家省市电视台，包括17家卫星台同步播出。从2001年7月，中国教育电视台第一频道也开始在晚间黄金时间段播放这档节目。

孙震有一个统计，北京市每年有20万人自费参加各种英语培训，实际流水额在7亿元左右。而据北京市教育局的统计，中国申奥成功，加入世界贸易组织后，北京的英语教育市场将会有20亿元的市场份额，整个中国市场的英语教育蛋糕不下2000亿元。孙震将《洋话连篇》精烹细做：制作并发行《洋话连篇》VCD及配套书籍，每年通过与出版社合作出版书籍、VCD，版权费就有大约500万元；利用《洋话连篇》的知名度，开办面向特定群体、以口语为主的培训班，从已开办的班看，利润率高达56%，每个培训班的月收入达到50万元；利用《洋话连篇》形成的无形资产，引资办学，在全国建立加盟英语连锁学校。孙震的设想是，东方友人公司以品牌价值入股25%，将《洋话连篇》的品牌给予当地代理人，东方友人公司与代理人每年的利润分成比例为1比3。在孙震的设想中，要将《洋话连篇》的品牌资源潜力发挥到最大化。

社会在不断地发展，社会热点在不断地涌现。对于有心者来说，每一次热点的出现，都是一次极好的创业机会。蒸桑拿是很舒服的，但是需要有较好的体力。体力不好的人，很容易在蒸的过程中晕过去，那就有点儿得不偿失了。

第八，“借东风”式

所谓“借东风”，是指借势，借助外界的力量制造商机来赚钱。

运用该式的典型代表是方兴东，他掘的第一桶金为人民币200万元。

“借东风”的一种是方兴东式的。方兴东1966年出生于浙江农村，清华大学博士。1999年3月，方兴东趁世界首富微软比尔·盖茨在中国推销“维纳斯计划”，在《南方周末》发表《“维纳斯计划”福兮福兮》。同年5月，方东兴与王俊秀合作出版《起来—挑战微软霸权》。方东兴以斗士面目出现，与世界首富比尔·盖茨公然唱对台戏。虽然当时大多数人搞不清楚什么叫“维纳斯计划”，但因为微软和比尔·盖茨的原因，并不妨碍当时方兴东一夜暴得大名。1999年9月，方兴东趁热打铁，与人合伙成立互联网实验室，注册资本金10万元。两个月之后，两位风险投资商慕名而至，投资200万元，占公司股份5%。以此计算，方兴东等人的10万元投资在两个月之内便升值接近400倍，创造惊人神话。

“借东风”的另一个典型代表是尹明善，他在1992年不顾家人反对，以55岁“高龄”开始创业。尹明善一上来便将创业核心指向了摩托车发动机。在此之前，尹明善对摩托车一无所知。当时重庆摩托车有“嘉陵”和“建设”两大品牌。尹明善决心“背靠大树”。经一番琢磨，尹明善指示手下将建设集团维修部的发动机配件买过来，自己装配成发动机再卖出去，成本仅1400元，而卖价高达1998元。因为零部件系出名门，产品质量有保证，给尹明善免去许多麻烦。尹明善虽是此道生手，却借助建设集团的名牌零配件迅速将销路打开。为防建设集团察觉掐脖子，尹明善还指示手下化整为零，今天买1号到10号的零件，明天买11号到20号的零件，同时指示手下仔细研究哪些配件是通用件，是容易买到的，哪些零件是非建设集团不可的，然后积极联系配套厂，设计替代品。四个月后，等建设集团一夜醒悟，下令一个零件也不许卖给尹明善时，尹明善的替代品已经开发出来。尹明善从摩托车行业掘的第一桶金便达百万元以上。

以尹明善这种手法创业起步的中国富豪不在少数。此手法后来颇遭人非议。有人认为这是国有资产流失，也有人认为这是不正当竞争。有意思的是，一些被“损害”的企业后来察觉其中价值，反过来搞贴牌生产，创造出双赢局面，也有一些企业因为贴牌而将自己贴进了阴沟里。

还有一种形式的借东风，即为大企业搞配套生产，或者为互联网站提供设备，或者为某种形式的社会或技术热潮提供外围服务，借此发财，俗称“卖水”。给大企业搞配套生产这种形式在珠江三角洲以及长江三角洲等外资企业集中的地方非常常见。此形式风险小而见效快，收入稳定有保障，对实力不济，正处起步阶段的创业者来说具有非常高的参考价值。

第九，“空手套白狼”式

运用该式的典型代表是朱新礼，他掘的第一桶金为500万美元。

有些人一听“空手套白狼”就皱眉头，不知空手套白狼也有境界高下之分。像时迁那样类似打闷棍的空手套白狼我们当然不提倡，但有些空手套白狼的手法，有条件的创业者却是不能不学的。

如今一提“汇源”是鼎鼎大名，尽人皆知，但提到朱新礼就没有几个人知道了。这是因为朱新礼一贯行事低调，很少在媒体上抛头露面。朱新礼原是山东省沂源县一名国家干部，官至县外经委主任。1992年朱新礼辞职下海，买下当地一家亏损超过千万元的罐头厂。所谓买下，其实并没有花一分钱，打的只是一张远期期票。当时朱新礼并没有钱，他以答应用项目救活罐头工厂，养活原厂数百号工人，外加承担原厂450万元债务等条件。将罐头厂拿到手后，当时手头缺钱的朱新礼想到的办法是搞补偿贸易。补偿贸易，是国际贸易的一种常用做法，在当时国内却鲜为人知。朱新礼通过引进外国的设备，以产品作抵押，在国内生产产品，在一定期限内将产品返销外方，以部分或全部收入分期或一次抵还合作项目的款项，一口气签下800多万美元的单子。朱新礼当时答应对方分五年返销产品，部分付款还清设备款。1993年初，在20多个德国专家、工程技术人员的指导下，朱新礼的工厂开始生产产品。也许该是朱新礼鸿运当头，正在这时，朱新礼听说德国将连续举办两次国际性食品博览会，他立即购买机票，单刀赴会。在当地华侨的帮助下，朱新礼先后在德国慕尼黑和瑞士洛桑签下第一批业务：3000吨苹果汁，合约额500多万美元。朱新礼由此掘得第一桶金。此后朱新礼一帆风顺。

朱新礼这套“空手套白狼”的手法，如今叫做“资本运营”。有人说：“资本运营是个筐，什么都可以往里装”，这就是一个例子。朱新礼这套做法，对今天的创业者具有极大的借鉴意义。

上面所述的富豪挖金九式，里面的水深得很，不是什么人都能够乱趟的，有一点是肯定的，就是水里的金子多得很。如果你自认为有本事能将这金子挖出来，那么恭喜你，几年之后《科学投资》重修中国富豪榜，一定会添上你的名字。

第三章　做好创业准备

创业是个人在充分考虑自身条件、经过周密的市场调查和准备后开办商店、工厂以及其他企业的过程。创业犹如打仗，存在一定的风险，只有“知己知彼”，才能“百战不殆”，不可不做充分准备。本章内容涉及创业者自身的条件、创业项目和创业的客观条件等多方面的准备工作。

一、创业欲望必不可少

佛经上有一句话，叫做“无欲则刚”，意思是说，一个人如果没有什么欲望的话，他就什么都不怕，什么都不必怕。和尚在寺院里修炼一辈子，最后没有一个不想上西天的；道士整日闭关打坐，最后没有一个不想白日飞升的。可见虽然许多人会说“无欲则刚”，但要做到“无欲”是一件多么困难的事。

“欲”，实际就是一种生活目标，一种人生理想。创业者的欲望与普通人欲望的不同之处在于，他们的欲望往往超出他们的现实，往往需要打破他们现在的立足点，打破眼前的樊笼才能够实现。所以，创业者的欲望往往伴随着行动力和牺牲精神。这不是普通人能够做得到的。我们经常看见这样一种人：他们表情木然、行动利索、心态落寞，他们唯一的心愿就是能够维持眼前的局面，他们祈愿机构改革千万不要改到自己的身上，每月工资能够按时足额发放。他们本来有足够的学识，有足够的能力以及资源来开创一番事业，但是他们没有这样的欲望，他们觉得眼前的生活就足够好。这些人并不限于机关，任何一个有人群的地方都有这样的人，我们如何能够指望他们去创业？

创业者的欲望是不安分的，是高于现实的，需要踮起脚才能够得着，有的时候需要跳起来才能够得着。

某集团老板叫陈强，是一个40多岁的男人。1995年，陈强带着20万元来到某座城市，从一个小小的美容店做起，现在已经在该城市拥有了30多家大型美容院、一家生物制药厂、一家化妆品厂和一所美容美发职业培训学校，并在全国建立了300多家连锁加盟店，据说个人资产超过亿元。陈强有一句话："一个人的梦想有多大，他的事业就会有多大。"

所谓梦想，不过是欲望的别名。你可以想象欲望对一个人的推动作用有多大。

成功创业者的欲望大多来自于现实生活的刺激，是在外力的作用下产生的，而且往往不是正面的鼓励型的刺激。刺激的发出者经常让承受者感到屈辱、痛苦。这种刺激经常在被刺激者心中激起一种强烈的愤懑、愤恨与反抗精神，从而使他们作出一些"超常规"的行动，焕发起"超常规"的能力，这大概就是孟子说的"知耻而后勇"。一些创业者在创业成功后往往会说："我自己也没有想到自己竟然还有这两下子。"

因为想得到，而凭自己现在的身份、地位、财富却得不到，所以要去创业，要靠创业改变身份，提高地位，积累财富，这构成了许多创业者的人生"三部曲"。

做家具生意的吉盛伟邦在上海有很大的名声，它的老板叫邹文龙。邹文龙来自北方冰雪之国的长春，在一向瞧不起“外地佬”，尤其是瞧不起“北方佬”的上海打出了一片天地，身价要以若干个亿元计算。邹文龙在接受媒体采访时说自己的创业动力来自“三大差别”。这“三大差别”是他自己说的，是他现在的岳父给他指出的。邹文龙说自己早恋，高二就开始谈恋爱，身体又不好，后来女朋友考上了大学，他却落了榜。女朋友的父亲对他说：“你和我的女儿有三大差别。”第一是城乡差别。女朋友是城市户口，而邹文龙却来自贫穷的农村。第二是脑力劳动与体力劳动的差别。邹文龙的女朋友已经考上了大学，而邹文龙却不得不接一个亲戚的班，到一个小杂货店搬油盐酱醋出卖劳动力。第三是健康上的差别。邹文龙因为身体不好影响到大学都没考上，难以想象一个身体不好的人以后怎么靠体力活儿吃饭。女朋友的父亲对他说：“你怎么能够养得活我的女儿？你和我的女儿谈恋爱，我坚决不赞成！”

要想不放弃自己的女朋友，那就只有一条路，就是消灭“三大差别”。在这样的情况下，邹文龙开始了创业，并且创业成功。现在，女朋友早已变成了老婆，邹文龙还是喜欢对老婆说：“我都是为你做的。”实际上，邹文龙说错了，他不是“为她做的”，而是“为了得到她做的”。这就是欲望的作用，再辅之以出色的行动力，邹文龙终于如愿以偿，“抱得美人归”。

因为欲望而不甘心，而创业，而行动，而成功，这是大多数白手起家的创业者走过的共同道路。

丝宝集团的梁亮胜现在很有名，上了《福布斯》中国富豪榜，但寻究当年，他也不过是一个打工仔，只是这个打工仔有点儿与众不同。

1982年，梁亮胜带着他的太太和所在内地工厂的其他40多名青工一道被派往中国香港工作。当时梁胜亮一家在香港只有四五平方米的住房。那是一间不到30平方米的房子，住了三家人，除去公用厨房、洗手间、过道，房间之小难以想象。他两口子住厅，另两家人各租了一间房，因为别人白天上班时要经过厅，他就从厅里拉一块塑料布，留一个过道，他们夫妻两人只能挤在沙发上睡。那时，梁亮胜的梦想就是想有个楼住。

即使是在这样艰苦的条件下，梁亮胜还是每天晚上坚持去上学。在中国香港的三年时间里，梁亮胜系统学习了航运、英语、国际贸易和经济管理等课程。后来，梁亮胜依靠做国际贸易，向国内贩卖檀香木材淘到了第一桶金，再后来，就办起了丝宝集团，出品舒蕾、风影洗发水等。成功之后，梁亮胜站在成功者的角度说："回头来看，一起到香港的40多人现在都还在工厂里做工，因为他们满足现状，觉得现在做工比原来在国内做工好多了。"梁亮胜这话的意思就是说，是欲望促使了他的成功。因为他觉得自己可以做得更好，赚更多的钱，过更好的生活，他要给自己当老板，做自己的主人。原来一起随他到中国香港做工的40多个工友却没有他这样的欲望，所以他们20年前给别人做工友，20年后仍然只能给别人做工友，为别人赚钱。

做杉杉西服的郑永刚与梁亮胜如出一辙。郑永刚总是不满足，在部队里不满足，退伍之后仍不满足。从一个公司到一个公司，从一个工厂到一个工厂，他总是觉得自己能做更大的事，应该拥有更大的舞台。他就在这样的不满足中，将自己的事业一步一步推向前进。现在他终于使“杉杉西服”成为“中国西服第一品牌”，同时也使自己成为一个亿万富翁。

关于人的欲望，地产商冯仑有一段很精辟的论述。他说：“企业家的生活最有成就感。”“企业家的预期和他的努力相互作用，预期越高努力越大，努力越大预期越高。这两个作用力交替起作用，逼着企业家往前冲。”或许我们可以套用一句伟人的话：“欲望是创业的最大推动力。”

真正的创业者一定是拥有强烈欲望的人。他们想拥有财富，想出人头地，想获得社会地位，想得到别人的尊重。有人一谈起这些东西就觉得很庸俗，甚至一些成功者也不愿提起这样的话题，特别是一涉及钱，便变得很敏感、很禁忌。其实完全不必如此。禁“欲”的时代早已经结束，除非你一定要自阉，那谁也没有办法，否则，你完全可以轰轰烈烈、堂堂正正地去追求自己的所欲所愿。即使是圣人孔子，一旦学有所成，不也周游列国，急着求个一官半职吗？可见有些事情是无所谓俗与不俗的。

二、清楚要进入的行业

要想通过从事某个行业创富，之前必须清楚所要进入的是什么行业，卖什么产品（或服务），谁是主要的客户，产业的生命周期是处于萌芽期、成长期、成熟期还是衰退期。

从一个门外汉快速地成为某个行业的专家，有如下四种方式可以尝试。

第一，从网络上了解

每个行业都有行业协会之类的组织，有的还不止一个。这些组织是管理和协调整个行业事务的。

行业网站是了解行业情况的重要途径。有的行业网站是协会办的，有的是某个公司办的，为行业企业提供一个交流的平台。网络搜索也是一个办法，搜出行业的企业，从他们网站里了解行业。然而这样了解的信息会比较支离破碎，有的还会偏颇。看看行业内专业人士写的东西，也是了解行业的重要途径。

可以针对问题在网上查找信息，比如，行业主要的经济特性是什么？行业中的变革驱动因素有哪些？在行业环境中取得竞争成功的关键因素是什么？在行业是否具有吸引力？取得超过年平均水平的赢利前景如何？在行业中发挥作用的竞争力量有哪些？它们有多强大？行业的市场总体需求情况如何？公司的竞争对手是谁？其战略和目标是什么？其优势和劣势在何处？相对于竞争对手，自己的公司优势在何处？自己的公司处于怎样的竞争地位？

由于行业之间在特征和结构方面有很大差别，所以行业及竞争分析必须首先从整体上把握行业中最主要的经济特性。

第二，找到懂行的人聊天

给自己一个目标，每天必须找一个行业内的人士进行聊天，把自己不懂的问题拿出来问,什么问题都可以问。怎么来找这样的人呢？其实这很简单,你可以直接到店里找老板,老板不理你,你就找店员。当然，你需要给人家一些好处。这个好处很简单，无非是一顿饭钱，或者一杯饮料，甚至一根烟就能跟别人聊很久。你要是每天都能搞定一个人聊上一两个小时，聊上一个月，到时候你也是个准专家了！

第三，到书店找资料

书店是个很好的地方，是一个免费的图书馆，而且里面的信息都是最新的。你花几天时间泡一泡书店，也许能给你许多收获。不要太依靠网络的信息，因为网上的许多免费资料是不完整的，而一个中型书店的资料多得惊人。你想开个店，现在书店里面的“开个赚钱的小店”系列书非常多，虽然有的内容不怎么样，但起码能给你一些感性的认识，一些知识点，从中你可以再去引申，找到更多的答案。在这里补充一下，知识体系的完善是一种链接式的提高。你在看某本书时，发现书中提到一个你不懂的概念，你就去找专门谈这个概念的书来学习，就像网络上面的“超级链接”一样，通过一个一个的链接，逐渐就可以把你的知识体系丰富起来。

当然还要尽量了解这个行业的技术问题，不一定要专，但一定要渊博，这样才好对症下药。

第四，参加各种展会或会议

平时多关注一些本地的新闻报纸，看看有没有什么展会或会议的机会，如果你没事，周末时可以到一些酒店多走走，不是去拿纪念品，而是去学习，去结交朋友。给自己印一盒名片，一点儿也不贵，好好想一想上面写什么。哪怕只印一个公司和职位也可以。使用名片让你与别人初次接触更容易。因为人们都喜欢结交更多的朋友。如果之前你与别人没打过什么交道，突然之间去找别人了解什么事，多半人家会提防你。而如果你们相互递了名片，又聊了几句，接下来再打电话联系什么事情就会方便得多，你们的地位是平等的。

这些技巧可以帮助大家能快速地融入一个行业，成为专家，成就所开创的事业。

三、选择一个好的店面

开店并非像有些人想象的“今天开张，明天赚钱”那样简单，在店铺的运营过程中，牵涉到选址、进货等诸多环节，任何一个环节考虑不周都可能导致整个投资链的断裂。一般公司对地点的选择可能影响不那么大，但是如果要开店，店面地点的选择就很重要。因此，在投资开店前，应就开店的细节问题进行深入仔细的调研。

那么，如何才能选到一块“黄金宝地”呢？关键在以下四个方面。

第一，客源等于财源

对于一个创业者而言，消费者能否消费是关键。一个店铺的位置是否优越，首先要看它是否能带来充足的客流。

2010年，上海的王小姐，经过紧张的筹备，她的饰品店开业了。然而一个月下来，店里的生意一直很冷清，极少有顾客光顾。她仔细分析后才发现，失败的原因是自己在选择店址的时候没有充分考虑客流因素。由于店铺的位置比较偏僻，所以人流量较少，虽然付出的租金较少，但最后带来的收益也少。

有了这样的教训，王小姐在重新选址时充分考虑客流因素，根据周围的人流密度、交通情况以及居民的收入水平，将店铺的位置选在了一个住宅区比较集中的路边。现在她的生意好得不得了。

提到选址，陈小姐很有感触。她说：选址时要牢牢记住，“客源”就是“财源”。

将店铺的位置选在人流比较集中的商业区，虽然会有租金、竞争压力等困扰，但是店铺比较集中的位置，反而有利于人气的聚积，千万不能因为这些担心而将店铺选在偏远地区，这样做的结果只能是得不偿失。

第二，商圈是关键

所谓“商圈”，是指以店铺的所在地为中心，向四周延伸至一定的距离所形成的圆形消费区域。商圈一般包括三种：第一种位于城市的核心商业区域，这种地方的商业非常发达，由于知名度较高，可以吸引不同地域、不同层次的消费者；第二种一般是区域性的商务办公楼或开发区，它适合的对象是站在时尚潮流的风口浪尖上的年轻一族；第三种主要分布在大中型的社区附近，针对的人群主要是社区中的居民。

一般而言，货物的销售通常要受一定的地理范围的限制，也就是货物一般具有相对稳定的商圈，不同的店铺因为商品的种类、所处的地形和地域风光、经营规模、交通条件以及顾客的层次等方面的不同，其商圈的形态和规模存在着很大的差别。

第三，要从长远处着眼

要用发展变化的眼光看问题，并不是选择最繁华的地段就一定能够挣钱，可能今天还是繁华的商业街，明天就会变成冷僻之地。

例如，成都的何女士在选择店铺时，将店铺的位置选在了一个人流密集、商业活动频繁的“黄金”地段。正当她准备大干一场时，市政府将这一地区纳入近期规划的范围，众多的商户纷纷撤出，原来的繁华已逝，再也没有当初的繁华了。

可见，开店的选址不仅要关注现在的状况，更要从区域长远发展的角度进行考虑，不仅要了解相应的政策规划的变动，还要注意未来的发展动向。开店选址要求用战略眼光进行决策。

第四，选址要注意群聚效应

我们经常会看到，在一家店的旁边经常还会有其他类似的店，这些相关的店铺聚集在一起，不仅没有因为相互间的竞争而被拖垮，反而提高了目标消费群的关注度，从而使店铺相互间的关系更加趋于稳定。一条街上如果聚集着很多卖这种东西的店铺，人们一旦想要购买此类商品，自然而然就会想到这条街。因此，在选择店址时，不要过分担心经营对手，必要时甚至要和竞争对手联合起来。

一般人都认为，越是在繁华的地段开店，挣钱就越多。其实也不尽然。选择店址要综合考量很多因素，有时较次的位置反而比最优的位置创造更多的利润空间。

方小姐没有将店铺开在繁华的地段，她在一所大学的旁边开了一家中档的饰品专卖店，周围也没有其他的饰品店。这个店虽小，却每个月给她带来超过万元的净利润额。因为她的乔伊丝饰品的价位相对来说性价比非常高，比较适宜还没有在经济上取得独立的大学生，因此经常有大学生来光顾她的小店，挑选心仪的物品。

总之，对创业者来说，店铺的选址是一项关乎生意兴衰的重要因素。在选址的过程中，不仅要从人口密度、地理环境、地形特点等常规的方面进行考量，还要从区域经济、收入水平、居住区规划等发展趋势加以考虑。另外，店铺所在道路的特点、店铺的外观都是应当考虑的因素。选择合适的店址，应综合以上各种因素加以考察，如果是开设加盟店的话，还要取得加盟总部的支持，借助加盟总部专家的经验对店址进行评估论证，切忌盲目开店。

四、认真做好竞争分析

创业初期尤其要做好竞争分析。竞争分析可以从五个方面去做：

分析竞争对手的经营目标，分析竞争对手的策略，分析竞争对手的优势和劣势，分析竞争对手的反应模式，选择优秀的竞争对手。

第一，分析竞争对手的经营目标

我们可以这样假设，所有竞争对手都只是为了追求利润最大化，并因此采取适当的行动。可是这种做法会出现很大的偏差，因为各公司对短期利润和长期利润的重视程度各不相同。有的竞争对手可能倾向于市场份额的最大化，而不是利润的最大化，甚至是“满意”的利润。因此，决策者还必须考虑竞争对手的利润目标。

每个竞争对手均有目标组合，其中每一个目标具有不同的重要性。公司要知道竞争对手对其目前的“位置”是否满意，包括目前的利润水平、市场份额、技术领先程度等。另外，公司还需监视竞争对手对不同产品市场细分的目标。如果公司得知竞争对手发现了一个新的细分市场，这就可能是一个机会；如果得知竞争对手计划进入本公司的细分市场，就应做好充分的准备。

第二，分析竞争对手的策略

公司间的策略越相似，它们间的竞争就会越激烈。在多数行业里，竞争对手可分为几个追求不同策略的群体。策略群体是指在一个行业里采取相同或类似的策略且在一个特定的目标市场上的一群公司。显然，策略群体内的竞争必然是最激烈的，但各个群体间的竞争有时也相当激烈。首先，某些策略群体可能争夺重叠顾客的细分市场。例如，不论其策略是什么，所有主要家用电器的制造商都会选择新建住房和房地产开发这个细分市场。其次消费者可能看不出各个群体所提供产品之间的差别。最后，一个策略群体成员可能会采取扩展新的细分市场的策略。那么，如何确定竞争对手的战略呢？

战略途径与方法是具体的、多方面的，应从企业的各个方面去分析。本田的营销战略途径与方法至少包括这样一些内容：在产品策略上，以小型车切入美国市场，提供尽可能多的小型车产品型号，提高产品吸引力；在价格上，通过规模优势和管理改进降低产品成本，低价销售；在促销上，建立摩托车新形象，使其与哈雷的粗犷风格相区别。事实证明，这些战略途径行之有效，大获成功。与此相反，哈雷公司却没有明确的战略途径与方法。AMF公司虽然也为哈雷公司注入资本提高产量，也曾一度进行小型车的生产，结果由于多方面因素的不协同而以失败告终。

第三，分析竞争对手的优势和劣势

公司要充分考虑并评估每个竞争对手的优势与劣势，公司应当收集有关竞争对手过去几年的关键资料，包括：销量、市场份额、利润率、现金流量及技术领先水平等。当然，有些信息可能不易获得。公司一般通过二手资料来了解有关竞争对手的优势和劣势，可以通过与顾客、供应者和经销商合作进行原始的市场营销研究。当前，越来越多的公司采用优胜基准的方法在产品和工序方面与竞争对手相对比，以便找出改进业绩的方法。在这方面，标杆超越能够改进竞争绩效。

标杆超越是增强市场竞争力的一门艺术，它寻找某些公司怎么样和为什么在执行任务时比其他公司做得更出色。执行标杆超越的公司的目标是模仿其他公司的最好的做法并改进它，通过确定标杆超越的基准项目，确定衡量关键绩效的变量，确定最佳级别的竞争者，衡量最佳级别对手的绩效，衡量公司绩效，规定缩小差距的计划和行动，执行和监测结果等步骤实现标杆超越。当一个公司实行标杆超越时，它可在提高顾客满意度、降低企业成本上收到更好的绩效。

第四，分析竞争对手的反应模式

仅仅知道竞争对手的经营目标和优势劣势是远远不够的，关键还要通过各种渠道来获知竞争对手可能采取的行为，如本公司采取削价、加强促销或推出新产品等手段，竞争对手的反应。

另外，还要充分考虑分析主要竞争对手的企业文化（包括经营哲学、经营理念等）。企业文化将直接影响企业在市场营销中的经营策略，这对分析预测竞争对手的行为将有重要的参考价值。

每个竞争对手对市场的反应各不相同。概括起来，竞争对手的反应不外乎三种：其一，不采取行动；其二，采取防御；其三，采取进攻。这主要取决于竞争对手自己的战略意图及所具有的竞争能力，还取决于竞争对手是否对自己目前的形势满意，竞争对手受到威胁的程度。另外还取决于竞争对手的实力和信心，即他们是否有足够的信心依靠现有的条件打败对手，消除对自己的威胁。

具体地说，竞争对手的反应可分为五种类型。

1. 从容不迫型。某些竞争者对其竞争对手的行动没有迅速作出反应或反应不强烈，而只是坐观事变。他们可能认为顾客是忠诚于他们的，也可能是由于他们没有作出反应所需的实力，还可能他们认为还未到“出击”的时机。公司一定要先弄清楚他们“镇静”的原因，以防止他们的突然袭击。

2. 全面防守型。这类竞争者对外在的威胁和挑战作出全面反应，确保其现有地位不被侵犯。但他们会把战线拉得过长，若资源不雄厚，会被其他竞争对手拖垮。

3. 选择型。这类竞争者可能只对某些类型的攻击作出反应，而对其他类型的攻击却视而不见。例如，这类竞争者会对削价作出积极的反应，防止自己市场份额减少（我国目前家电市场上就是这种情况，对于价格极为敏感，只要有一家削价，其他竞争对手都会不约而同地作出反应）。他们可能对对手大幅增加广告费不予理睬，认为这并不能构成实质性威胁。为此，应了解这种类型的竞争者的敏感部位，避免与其发生不必要的正面冲突。

4. 强烈反击型。这一类型的公司对其所占据的所有领域发动的任何进攻都会作出迅速强烈的反应。例如，宝洁公司（P&G）绝不会允许一种新洗涤剂轻易投放市场。这种类型的公司一般都是实力较强大的公司，占有绝对优势的市场份额，否则没有实力对任何外在威胁采取行动。

5. 随机型。这类竞争者并不表露自己将要采取的行动。他们在任何特定情况下可能作出反击，也可能不作出反击，而且根本无法预测他们会采取的行动。

第五，选择优秀的竞争对手

在进行以上分析后，公司应能够意识到市场上可与谁进行有效的竞争，并且决定与哪个竞争者进行最有力的竞争，把主要的注意力集中在这一竞争对手上。

一般来说，大部分公司愿意选择比较弱小的公司作为自己攻击的对手，因为这样做比选择强大公司作为竞争对手所需的资金和精力都将会小得多。但从长远来看，公司这样做很难提高自己的能力，易于造成盲目乐观的心理。因此，从理论上讲，公司还应选择较强大的竞争者进行竞争，以便使自己有压力，用它来锻炼本身的能力。在选择强大公司竞争时，关键是要努力发现强大对手潜在及现在的弱点（即使再强大的公司也有弱点），并对其弱点采取有效行动，以便取得更多的回报。在分析时，公司首先要识别顾客的重要属性和将这些顾客属性排名。其次，要评估本公司和竞争对手在有价值属性上的业绩。如果通过比较发现本公司在所有的重要属性方面均超过竞争对手，就可以通过制定高价策略获得更多的利润，或者在同样价格的条件下占有更多的市场份额。如果本公司的主要属性表现不如竞争对手，则必须想方设法加强这些属性，并且再挖掘其他能够领先竞争对手的主要属性。

大部分公司在与那些与自己实力接近的公司竞争的同时，还要尽量避免“摧毁”实力接近的竞争对手，否则会促使竞争对手与其他公司联合起来组成更强大的公司，成为自己更难对付的竞争者。

每个行业中都包括“品行良好”和“品行低劣”的竞争者。一个公司应积极支持前者，攻击后者。从某种意义上讲，公司能够受益于竞争对手。比如，竞争对手可以增加总需求，导致更多的差别，分担市场开发及产品开发成本，并协助推出新技术，等等。

当然，有些竞争者是“品质低劣”的，他们破坏规则，企图“购买”市场份额，而不是通过自己的产品或服务。他们喜欢蛮干，在生产能力严重过剩时仍然继续投资。因此，公司应注意分辨哪些属于“品行良好”的公司，哪些属于“品行恶劣”的公司。在授予特许权时，更应谨慎，以防授给“品质恶劣”的公司而使整个行业受损。

五、掌握好收支平衡点

创业需要考虑融资款项的运用、营运资金周转等，并预测未来三年的损益表、资产负债表和现金流量表。如果忽视创业成本的问题，就有可能会导致将来出现种种财务危机。

第一，理性思考和周详计划

一般的人虽然满腔热忱地创业，却缺少理性思考和周密的计划，以为赚钱很容易，在运作上低估了成本，这就会给自己的企业带来很大的危险，比如资金周转不灵。所以，我们一定要认真地计算出创业成本，要按照计划认真执行，不能随意改动。不要把创业成本计算得过大，因为创业初期赚钱较难，成本太大，使得收回成本的机会减少，会打击创业者的信心。

例如，我们在计算成本的时候，创业地点租金定为一个月为1000元，在实际找时发现一个理想的地方，但租金却要1350元。也许你会觉得才贵了350元，不算什么，这很容易掉进陷阱。创业时一定要考虑到在开始一段时间很可能没有生意，如果每个月多350元租金，那么很快就会成为沉重的负担。所以，在计算成本时一定要慎重。只有能成功控制住创业成本的人才会有收获。

第二，借贷创业需谨慎

借贷创业也许是很简单的事，但也是很危险的事，因为用别人的钱来创业容易放纵、轻率，不实在，很容易导致经营风险，创业难成。所以即使要借钱创业，也要有自己的资金，特别是小本生意，最好有过半的资金是自己的。只有这样，才会对自己负责，每花一分钱都由自己决定，用得小心，花得谨慎。而且创业不一定一次就能成功，一旦失败，陷入债务危机，对于以后的创业就会造成不利的影响。

第三，控制好现金流

有许多减少现金流出的办法，比如可以购买便宜的办公用品，设法寻找租金较低的房子，还可以减少用人数量和工作时间，也可以推迟雇人的时间，到需要人手时再招。

在增加现金流入方面，除了想方设法提高销售之外，还可通过提高顾客的付款速度来实现，例如，让顾客10天内付款而不是30天内付款，这样就可以提前20天收回资金，加快资金周转率。

为了避免发生资金周转困难的现象，最好珍惜手上的现金，如果不是非常必要，像房屋、设备这种有折旧年限的资产就不要花巨资购买，这就是为什么有些创业者明知房地产即将升值，在创业之初宁可租用办公室而不买写字楼。不要为了表明自己有实力而大量购买不必要的资产，尽量留出更多的现金作为创业的储备力。

第四，不要花大量的钱搞宣传

在宣传上的费用一定要慎重，宣传虽有必要，但企业的成功并不是靠吹出来的。在创业之初不要花大量的钱搞宣传，避免拖垮企业。要知道宣传费用产生实际效益是要花很长时间的。所以宣传只要到位就行，不能影响到资金的流转。

创业者通常容易在计算毛利上犯两个极端的错误：一是对自己的产品没有信心，害怕与人竞争，将毛利定得很低，很可能出现商品卖光却无利可图的现象。二是由于不了解市场规律，希望赚得越多越好，将利润定得很高，导致商品卖不出去，形成积压，由于没有生意，利润也就无从谈起。因此，创业者要恰当地掌握好收支平衡点，对自己的资金支出与收入有较清醒的认识，这样才能合理地定出利润率，使自己创业成功的机会大大增加。

六、确定应该做的事情

致富需要规划。人们应该针对自己的财富规划找到一条明确的致富路线，然后依照这条路线确定自己应该做的事，并且坚持不懈地努力。

被称为“温州打火机教父”的周大虎，在创业初期，他确定自己应该做的事就是维护信用与质量。周大虎虽然被称为打火机教父，但他其实是温州打火机生产的后来者。

周大虎是1991年进入打火机行业，1992年开始雇工人正式创业的。早在1985年前后，温州就已经有人开始生产打火机。到了1992年之后，温州打火机市场进入了一种癫狂的状态。1993年上半年，温州从原先的一两家打火机厂快速发展到3000家。当时，温州生产的打火机一个只要10元，而日本、韩国生产的打火机一个要上百元。由于价格相差实在太大，温州到处是前来收购打火机的外国商人。由于供不应求，许多劣质打火机充斥市场。周大虎不愿生产劣质打火机，在劣质打火机的冲击下，周大虎濒临破产。他说："1993年上半年，我亏得很厉害，前两年的利润全给贴进去了。"

在这种情况下，周大虎仍然做自己应该做的事：坚持信用和质量。市场规律最终发生了作用，1993年下半年，吃够劣质产品苦头的外国商人开始将目光转移到周大虎身上。周大虎的订单一下子多起来了，一天5000多个的生产能力能够接到五六万个的订单。而原先3000多家打火机厂倒闭了九成。周大虎从此成为亿万富豪。

周大虎的事例告诉我们，只要认定目标，坚持做我们应该做的事，财富最终会流入我们的口袋。应该做的创富事项确定之后，就要立即行动，去努力实现。

致富的智慧和赚钱的方法，本身不能带给人财富，需要以行动来实践。"只说不干"的人，不仅赚不到钱，还会令人讨厌。在我们的周围常会有这样一群人，他们总是以羡慕的口气说："我同学早就发了，现在身价五六千万元！""我原先的同事，前年辞职自己创业，两年时间就赚了五六百万元！""我隔壁的小胡，年纪轻轻的，竟然有近千万元的存款！"……

还有这样一些人总是以一种先知先觉的口吻说："陈老大开干洗店发了，我就知道在这个全城最大的住宅小区里开干洗店准会发财！”“老王前年在新区买了一店面，现在不仅店面涨价，租金也在飞涨，一年光租金就收入七八万元，我前年就说了那个店面是个‘金店’！”……

他们总是在嘴上说说，总是羡慕别人的成功，自己却从来没有行动过。也许他们真的有很好的眼光，能看准某项投资机会，还可能具备较好的投资能力，然而“光说不干”，就是给他们几辈子的时间还是穷人。

我们都听说过寒号鸟的故事，其实我们中有许多人就是“寒号鸟”，总想在明天就开始行动，但一到明天又是“再等一等，再放一放”，终究不付诸行动，让时光、机遇一次又一次地流走。所以我们不要做“寒风冻死我，明天就垒窝”的“寒号鸟”。与其在“想象”与“羡慕别人”中蹉跎岁月、错失良机，过着贫穷的日子，不如马上行动，去追求应该属于自己的财富。

只有尝试才能获得成功，只有行动才能赚到钱。只要你走出羡慕的怪圈，只要你走出“光说不干”的状态，只要你勇敢地开始行动起来去赚钱，那么财富就在不远处等着你。

七、充分利用人脉资源

创业不是引“无源之水”，栽“无本之木”。每一个人创业都必然有其凭依的条件，也就是拥有一定的资源。一个创业者的素质如何，看一看他建立和拓展资源的能力就可以知道。

创业者的资源可分为外部资源和内部资源两种。内部资源主要是创业者个人的能力，所占有的生产资料和知识技能，也就是人们通常所说有形资产及无形资产，只不过这种有形资产和无形资产属于个人罢了。创业者的家族资源也可以当做创业者内部资源的一部分。拥有一份良好的内部资源，对创业者个人来说无疑是重要的，然而因为其中大部分不是通过创业者个人努力获取的，而是自然存在的，具有天然属性，我们在此不作重点讨论。

创业者的外部资源最重要的是人脉资源，表现为创业者构建其人际网络或社会网络的能力。一个创业者如果不能在最短时间之内建立自己最广泛的人际网络，那么他创业一定会非常艰难，即使其初期能够依靠领先技术或者自身素质，比如吃苦耐劳或精打细算，获得某种成功，我们仍然可以断言他的事业一定做不大。除非他像比尔·盖茨那样能开发出一个 WINDOWS，前无古人，无可取代，只好由他独霸市场。

第一，同学资源

现在社会上同学会很盛行，北京大学有各种各样的同学会就不下几十个，据说其中有一个由金融投资家进修班学员组成的同学会，仅有 200 余人，控制的资金却高达 1200 个亿，颇为惊人。据说是中国最好的工商管理学院之一的上海中欧工商管理学院，除了在上海本部有一个学友俱乐部外,在北京还有个学友俱乐部分部。人民大学、北京大学、清华大学等名牌大学在北京、上海、广州、深圳都有同学会或校友会分会。全国各地，形形色色的同学会多如恒河沙数。

周末的时候，到北京大学、清华大学、人民大学等校园走走，会发现有很多看上去不像学生的人在里面穿梭。其中有许多人是花了大价钱从全国各地来进修的。对于这种人来说学知识是一方面的原因，交朋友是更重要的原因。对于那些“成年人班”，如企业家班、金融家班、国际 MBA 班等班级的学生，交朋友可能比学知识更加重要，有些人唯一的目的就是交朋友。一些学校也看清了这一点，在招生简章上就会明白无误地告诉对方：拥有 ×× 学校的同学资源，将是你一生最宝贵的财富。

在许多成功者的身后都可以看到同学的身影，有少年时代的同学，有大学时代的同学，更有各种成人班级如进修班、研修班上的同学。赫赫有名的《福布斯》中国富豪南存辉和胡成中就是小学和中学时的同学，一个是班长，一个是体育委员，后来两人合伙创业，在企业做大以后才分了家，分别成立正泰集团和德力西集团。同学的帮助，在创业的起步阶段确实能起很大的作用。

实际上，同学之间本来就有相扶相助的义务，在现今这个时代，带着商业或功利的目的走进学堂并没有什么不妥当。

同学之间因为接触比较密切，彼此比较了解，或因年少不存在利害冲突，或因从五湖四海走到一起，彼此也甚少利害冲突，所以友谊一般都比较可靠，纯洁度较高。对于创业者来说，这是值得珍惜的最重要的外部资源之一。

与同学相似的是战友，可以与同学和战友相提并论的是同乡。共同的人文地理背景，使老乡有一种天然的亲近感。曾国藩用人只喜欢用湖南人，中国历史上最成功两大商帮——徽商和晋商——不管走到哪里，都是老乡拉帮结派，成群结伙的。正是同乡之间互为犄角，互相支援，才成就了晋商和徽商历史上的辉煌。在很长一段时间内，中国几乎所有商业繁盛之地，其最惹眼、最气派的建筑不是徽商会馆，就是晋商会馆。会馆就是老乡交游约会的场所。如今，一个人要外出创业，比如一个湖南人要到深圳创业，或者一个福建人要到纽约创业，老乡众多仍然是最有利的条件之一。这是近年来各地同乡会风起云涌的原因。同学资源和同乡资源可并称为创业者最重要的两大外部资源。

第二，职业资源

所谓职业资源，即创业者在创业之前为他人工作时所建立的各种资源，主要包括项目资源和人际资源。对创业者来说，效用最明显首推职业资源。

充分利用职业资源，从职业资源入手创业，符合创业活动“不熟不做”的规则。尤其是在国内目前还没有像美国或欧洲国家一样普遍认同和执行“竞业避止”法则的情况下，选择从职业资源入手进行创业，已经成为许多人创业成功的捷径和法宝。

例如，昆明的“云南汽车配件之王”何新源，在创办新晟源汽配公司之前，就在省供销社从事相同工作。

再如，有名的宝供物流，其创始人刘武原来也是汕头供销社的一名“社员”，被单位派到广州火车站从事货物转运工作，后来承包转运站，再后来利用工作中建立的各种关系创立了宝供公司，通过为宝洁公司做物流配送商，一举成为国内物流业之翘楚。

还有前中学数学教师、“好孩子”创始人、《福布斯》中国富豪宋郑还是通过一位学生的家长得到了第一批童车订货，这才知道世界上原来还有童车这样一个赚钱玩意儿的。同时，宋郑还做童车的第一笔资金也是通过一位在银行做主任的学生家长获得的。如果没有学生家长的帮助，宋郑还可能会一事无成。

至于万通集团的冯仑和王功权则原来是同事，两人曾一起在南德集团工作过，后来两人离开南德集团，携手到海南打天下，才有了现在的兴旺发达。冯仑和王功权在事业上是一对绝配，仿佛《封神演义》里面的“哼哈二将”，一个弹，一个唱，配合得天衣无缝。

据调查，国内离职下海创业的人员，其中有90%以上的人利用了原先在工作中积累的资源和关系。

第三，朋友资源

朋友应该是一个总称。同学是朋友，战友是朋友，老乡是朋友，同事一样是朋友。一个创业者，三教九流的朋友都要交，要谈得来，交得上，就好像十八般武艺，到时候不定就用上了哪般。朋友就像资本金，对创业者来说是多多益善。“在家靠父母，出门靠朋友”、“多一个朋友多一条路”是至理名言。一个创业者如果不能交朋友，没有几个朋友，肯定只有死路一条。俞敏洪为跟警察交朋友，喝酒喝到差点儿死过去，但他后来发现自己这“差点儿死”很值。人际交往能力应列在创业者素质的第一位。

八、要懂得与他人分享

梁山在宋江的治理下一派兴旺发达，众兄弟大碗喝酒，大块吃肉，大秤分金，过得好不快活。宋江治理梁山全靠两个手段，一是建章立制，自宋江而下，众兄弟“排排坐，分果果”，分工明确，各司其职；二是作为领导人，宋江懂得与众兄弟分享。每当“买卖”有所获，宋江总是第一个安排下功劳簿，众兄弟论功行赏，按照各人的贡献，将利润进行公平分配。《水浒传》共一百二十回，从来没有一个字讲到宋公明瞒着众人多吃多占，中饱私囊。按理说，宋江貌不惊人，论文不能吟诗作赋，讲武不能上马提枪，却将梁山一帮人治得服服帖帖，原因很简单：宋江这样的领导人不让大家吃亏。按经济学家的说法，就算是有人不服他，出于个人利益最大化的考虑，让宋江当头儿也是个最优选择。

作为创业者，一定要有与他人分享的商业意识。一个不懂得与他人分享的创业者是不可能将事业做大的。

若干年前，中关村的一位创业者做产品供求信息，当时做这一行的人还很少，因而这位创业者的收入可观，很短时间内就买了车，买了房。然而，这个人对自己的员工却很抠门，能少给一分就绝不多给一分，他说这叫低成本运作。好几年过去了，这位创业者的公司已经搬了几次家，但总是改不了小门脸那种寒酸的模样，员工也总是那么寥寥几个，而且不断地更换。中关村市场竞争激烈，每天都会有很多人的创业梦化为泡影。这么多年过去了，这位创业者仍然在中关村坚持，自有他的成功之处。但是他与差不多时间起步，做同样行业，而且是白手起家的郭凡生相比就差得远了。郭凡生的慧聪公司年产值早已过亿，在现代化的写字楼里拥有了上千平方米的办公面积，在全国各地还有数十家分公司。

郭凡生与上面那位创业者的区别，就在于他懂得与众人分享。慧聪公司是1991年创立的，1992年慧聪公司的章程里已经写入了劳动股份制的内容。学经济出身的郭凡生这样解释他的劳动股份制："我们规定，慧聪公司的任何人分红不得超过企业总额的10%，董事分红不得超过企业总额的30%。当时我在公司占有50%的股份，整个董事占有的股份在70%以上，有20%是准备股，但是连续八年，慧聪公司是把70%以上的现金分红分给了公司那些不持股的职工。对于我们这些董事规定得很清楚，谁离开公司，本金退还，不许持股。所以我们这些董事又都是公司总裁、副总裁，参与的也是知识分红。慧聪公司早在1992年初创的时候就确立了按知识分配为主的分配方式。"据说郭凡生第一次给员工分红的时候，有一位员工一下分到了3000多元。那是20世纪90年代初，3000元可是一笔大钱。这位员工以为公司搞错了，不相信世界上竟然会有"这样大方的老板"，拿到钱后连夜跑掉了。

郭凡生对中关村的企业和中国的高科技企业为什么做不大也有一番高论："中关村企业有100万元利润就分裂，有200万元利润就打架。为什么做不大呢？就在于这个公司只有一个老板，老板拿走绝对的利益，而这个公司又不是靠老板的资本来推动发展的。当企业的主体变为由知识推动的时候，企业就要不断地分裂，所以中关村的企业做不大，中国的高技术企业做不大。"

美国心理学家马斯洛有个需要层次理论，说人按层次一共有五种需要，第一是生存需要，第二是安全需要，第三是社交需要，第四是尊重需要,第五是自我实现需要。这五种需要具体到企业环境里，具体到公司员工身上，就是需要老板与员工共同分享。

当老板舍得付出，舍得与员工分享，员工的生存需要、安全需要、尊重需要就从老板这里都得到了满足。员工出于感激，同时也因为害怕失去眼前所获得的一切，就会产生"自我实现的需要"，通过自我实现，为老板做更多的事，赚更多的钱，作更大的贡献，回报老板。这样就构成了一个企业的正向循环、良性循环。这应该是马斯洛理论在企业层面的恰当解释。

当年周枫成功地完成婷美"惊险的一跳"后，当初坚定不移地跟随着他的员工现在可享福了。不仅是这些员工，现在婷美所有的员工都在分享着周枫和婷美的成功，很多员工都有小汽车，这些小汽车都是公司作为奖励送给员工的。周枫规定，凡在公司工作满三年的高管，就送给小汽车一辆，100平方米住房一套。后来周枫又买了几十套高档住房，每套150平方米。周枫规定，在公司工作满五年以上的高管，可以得到这些住房。

周枫当然也有他的“小九九”。他这样解释自己的成功：“我觉得我成功的因素里面有这样一条，就是我能够做到与人分享。我研究了很多案例，比如‘三株’、‘太阳神’等企业是怎么成的，怎么倒的。他们成功以后员工和主要干部都是什么样的福利待遇。我们中国有个现象，就是一个新兴的行业一旦做火了以后，紧接着就会分杈儿。好像只要做了一个给老板个人带来暴富机会的产品，之后这个企业很快就会销声匿迹。这是一个值得我们关注的现象。比如一个口服液，做火了以后，紧接着就会出现很多同样的口服液，你想一想，做这些口服液的人都是从哪儿来的呢？都是从原来的公司里派生出来的。这里面有高薪挖墙脚的原因，更多是老板自身的原因。老板挣钱了，副总们会想，老板挣了，看看我自己的钱，还是没有涨多少。那好，我宁愿不拿你这5000多元的月工资了，我也不出去给别人干，因为给别人干，我可能还是拿那点儿工资。我自己办一个公司，几个人单独拉出去也做这个，因为别的不会做，我就仿照你来做。一旦做成了，我也就成了百万富翁了。所以这样不断地派生，今天果茶大战，明天保暖内衣大战，还有各种的保健品大战，基本上都是这样。但是你看我做的生意，基本上后面没有跟进的人跟着搅和。‘婷美’为什么能够一花独秀？原因在于我们有一支凝聚力特别强的队伍。对公司员工来说，如果这个企业事业发展了，他们还拿那几千块钱月薪的话，他们是会有想法的。但如果他们一年可以拿个30万元、40万元的话，他们就会考虑，自己现在出去做老板，冒那个风险，还不如在这儿做。这种比较经济学，决定了你一下就把他们五年的时间拴死了，以后你只要巩固住，甭说五年，有两年你的品牌就出来了。别人再跟你做同样的东西竞争，你靠品牌已经压死了他们。所以说，一个企业家要懂得与他人分享，真心分享，公平分配利益。这样做了以后，你这种坦诚，一个窝头大家掰着吃的那种诚恳，会产生很强的凝聚力。其实这样做，同时也保护了自己。比如分出权儿以后，你就要用更大的广告量去与对方竞争。现在像我这样，每年的广告量就能减下来不少，这无形中还是保护了你自己的利益。”

周枫如此精明，如此会算账，怪不得他做一样东西火一样东西呢！而且只要是他做过的东西，都做到了全国第一。做生意的人都会算账，只不过有些人算的是大账，有些人算的是小账。通用的商业法则是：算大账的人做大生意，做大生意人；算小账的人永远只能做小生意，做小生意人。

分享不仅限于企业或团队内部，对创业者来说，对外部的分享有时候同样重要。分享不是慷慨，对创业者来说，分享是明智。

第四章　确定经营模式

企业或个人的发展大致上都要依靠的“时、势、术”这三者。这里说的“时”是指生存的环境，是发展的外部变量；“势”是指对环境的顺逆，是软实力与硬实力的结合；“术”则可以看作经营技巧。每一家成功的企业或个人在“时”与“术”上都有自己的建树，但是如果在“势”上有所作为的话，那么就不仅只是在收割利益，而是在让财富在最短的时期之内迅速地奔涌。本章归纳出这种“顺势而为、创势而生”的发展模式及其创新步骤与特色，相信对读者能有所帮助。

一、独立经营模式

想创业当老板的人越来越多，如何能在千万创业大军中成功地经营自己的事业呢？独立创业者的成败取决于个人整体素质的高低。专家指出：创业者自身的知识、技术、人际、经济等方面有足够的资源，是创业的起点也是创业成功的关键。

知识，因为与自己的知识跨越太大不能有效地管理而导致血本无归的大有人在；技术，在热门行业要创业的朋友，需要认真地考量一下自己是否有一技之长；人际，有很多人利用自己的家族地位、关系等优势，结合自己的简单创业而走向成功；经济，利用其他圈子的优势，又有足够的资金优势作为互补，锦上添花，自然成功率很高。把这些个人素质和当代社会发展特点结合起来，可以总结出个人经营模式的十大窍门。

1. 将创业资金数额减到最低。别举债，别投入全部家庭储蓄。计划的事业要从现有的构想和你个人才华及专长做起，而且只需要少许现金。

2. 学习销售自己。身为企业经营者，只要你知道如何销售自己，初期投资并不需要准备大笔资金。

3. 对客户要大方。新事业不宜对顾客收费过高，甚至要为顾客提供免费服务，让他们知道你能做什么。就算没有签约，他们也会介绍其他付费的客户。

4. 开始时条件不妨简陋些。某创业者曾在卧房一角，以一桌、一椅、一台电脑，开创顾问公司。五年内，公司收入超过50万，企业规模逐渐扩大，现已有自己的办公室和众多的位员工。

5. 一切电脑化。在目前市场上已无竞争力，打字机及人工作业方式，要从第一天开始营业就要使用电脑。

6. 延长工作时间。把会计、书信等工作留到晚上去做，这些事绝对不能占用朝九晚五的时段。这个黄金时段只能用来建立人际关系，作简报，打电话，或与客户面对面地进行交谈。

7. 爱你的顾客。永远有礼貌地和顾客说话，不论他们有时多么令你生气。超过顾客的期望，这便是小企业主最好的广告方式。

8. 即使开始不成功也要继续努力。不要放弃，成功经常就在失败的前方。只要你坚持不懈地做下去，就会取得成功。

9. 独自经营。开始创业时，避免和其他人合伙。一般来说，如果你想创业，最好自己创业。

10. 安排好休闲时间。尽管待办事项堆积如山，你也要强迫自己星期六或星期日休息一天。抽出时间运动，和家人出游，暂时抛开业务，工作反而更有效率。

二、合伙经营模式

单枪匹马的创业很容易因为势单力薄而失败，而创业团队往往又因为内部矛盾及利益分配不均而解体。那么，应遵循怎样的合伙创业模式才能避免此类问题发生呢？

第一，在整体框架下调配

创业者要从事业整体规划出发，明确哪些方面的技能和资源是自己所欠缺的，再以此来寻找具备此类技能和资源的合作者，让大家的资源和技能实现整合，共同发展。

创业团队无论有几个合作者，所持有的股份可以做到大家平均，但在统一规划方面必须确立一个主导者，不然就很容易出现混乱。若是在形成决议后，每人的思想和行动方向没有一个主导者进行统一规划约束，那么很容易出现新想法否定老思想的情况，就会导致巨大的内耗和矛盾。每个人的资源不通过一个整体的框架进行调配整合会形成浪费，尤其是大家形成决议后，必须确保集中所有的资源和力量，向一个确定的方向前进。

第二，尽早明确责、权、利

创业主导者在尚未寻找合作者之前，应把相关问题都提前思考清楚，把自己能想到的所有问题罗列出来，并且把每个所列出来的问题都作最坏的设想。因为在后期的人员合作和事业发展中会出现各种问题，如果不及早筹谋，问题突显出来就很难有效地解决，只有从预防上下工夫才好。

在选取合作人问题上，主导者需充分考虑要哪些方面的合作者，要几位，各自的责、权、利怎么分配，人员合作中可能遇到的负面情况等，形成一个基本纲要。等合作人确定下来之后，大家一起对这个纲要进行修改和完善。

在创业时过程中问题总是会存在的，要寻求合理的方式去解决。俗话说，先小人后君子。合作也好，合资也好，凡能预见到的问题，都要拟出一个彼此都能接受的“君子协议”，将合作以后将要涉及的资金、分配、分红等一系列的问题在白纸黑字上认可，并按协议执行，那么，就算出现无可避免的问题，也可按照字据处理。

另外，公司必须建立健全的会计制度。刚开始成立的公司业务少，会计的工作量也非常小，可以请一个兼职会计每个月到公司帮忙建账。

第三，不要唯我独尊，要有容人的雅量

创业者在创业过程中要克服唯我独尊的心态，做好“群做群分”。创业者可以提前几年有意识地调整自己的心态，例如从一些工作事务或是小型项目入手，尝试着进行“群做群分”，不要太看重收益，关键是培养自己的这种意识，接受合伙创业与利润分成的概念，逐步扩大自己的心胸。记住，一个人的心胸决定了他所能达到的事业高度。

一般人选择的合伙人无非是同事、朋友、同学、客户或供应商，极少会超出这个圈子。而且往往选择的合伙人和自己的身份相似，例如，这个业务员和另外一个业务员合作，这个工程师和另外一个工程师合伙。但是当你创业后，马上面临的第一个问题就是分工问题，如果你与合伙人身份类似的话，分工不当会直接导致你的公司快速死亡。

因此创业者应当评估一下自己的容忍度究竟有多大。

初级容忍度的表现是，你的合伙人把和女朋友一起看电影的出租车票拿来公司报销了；二级容忍度的表现是，你的合伙人每天 10 点半后来公司，每天下班前一个小时就消失了，而且并没有告诉你他去哪里了；三级容忍度的表现是，你交代给你的合伙人给某个客户送货收款，他竟然送了货后空手回来了，却告诉你，这个客户人品没有问题，货款肯定会给的，而你认为这个客户一定会赖账；四级容忍度的表现是，你的合伙人给别人说公司他是老板，你是替他打工的；五级容忍度的表现是，他对你指手画脚，直接吩咐你去干这个干那个；六级容忍度的表现是，你的合伙人提出他应该股份多点儿，你应该少点儿。

请问，你的容忍度可以达到那个级别？对方的行为达到那个级别你会考虑是否要和对方继续合伙下去呢？

以上事项是众多的合伙人散伙的原因，但这些都不应该成为散伙的理由。对于以上各事项，正确的做法就是一个字：忍！有没有其他的解决办法呢？有！既然你不能忍，那你必须可以找到一个可以容忍你的合伙人！

难道就只有忍了吗？当然不是，也有绝对不能容忍的事情，比如，合伙人收了客户的货款装进自己口袋，对公司说客户没付款；合伙人非要把自己不学无术的小舅子搞到公司来当销售部经理；合伙人在公司财务刚刚好转就提出买一辆别克；合伙人发现客户有新产品的需要就在外面又搞了个公司……简单地说：凡是个性、面子、习惯等方面的问题，你必须学会容忍；凡是损害到公司利益的问题，你必须学会不容忍。

三、连锁经营模式

连锁经营是一种商业组织形式和经营制度，是指经营同类商品或服务的若干个企业，以一定的形式组成一个联合体，在整体规划下进行专业化分工，并在分工基础上实施集中化管理，把独立的经营活动组合成整体的规模经营，从而实现规模效益。

连锁经营包括三种形式：特许经营、直营连锁和自由连锁。

特许加盟，即由拥有技术和管理经验的总部，指导传授加盟店各项经营的技术经验，并收取一定比例的权利金及指导费，此种契约关系即为特许加盟。特许加盟总部必须拥有一套完整有效的运作技术优势，从而转移指导，让加盟店能很快地运作，同时从中获取利益，加盟网络才能日益壮大。因此，经营技术如何传承是特许经营的关键所在。

直营连锁，是指总公司直接经营的连锁店，即由公司本部直接投资经营管理各个零售点的经营形态，此连锁形态并无加盟店的存在。总部采取纵深式的管理方式，直接掌管所有的零售点，零售点也毫无疑问地必须完全接受总部的指挥。直接连锁的主要任务在"渠道经营"，即通过经营渠道的拓展从消费者手中获取利润。因此直营连锁实际上是一种"管理产业"。

自愿加盟，即自愿加入连锁体系的商店。这种商店由于是原已存在，并非加盟店的开店伊始就由连锁总公司辅导创立，所以在名称上自应有别于加盟店。在自愿加盟体系中，商品所有权是属于加盟主所有，而运作技术及商店品牌则归总部持有。自愿加盟体系的运作维系在各个加盟店对"命运共同体"认同所产生的团结力量上，一方面要同时兼顾"生命共同体"合作发展的前提，另一方面则要同时保持对加盟店自主性的运作，所以自愿加盟实际可称为"思想的产业"。意义即着重于二者间的沟通，以达到观念一致为首要合作目标。

连锁经营模式的优点在于：其一，授权人只以品牌、经营管理经验等投入，便可达到规模经营的目的，不仅能在短期内得到回报，而且使无形资产迅速提升。其二，被授权人由于购买的是已获成功的运营系统，可以省去独自创业不得不经历的一条“学习曲线”，包括选择赢利点、开市场等必要的摸索过程，可降低经营风险。其三，被授权人可以拥有自己的公司，掌握自己的收支。由于被授权人的经营启动成本低于其他经营方式，因此可在较短的时间内收回投资并赢利。被授权人可以在选址、设计、员工培训、市场等方面，得到经验丰富的授权人的帮助和支持，使其运营迅速走向良性循环。其四，授权人与被授权人之间不是一种竞争关系，有利于共同扩大市场份额。

连锁经营这一经营模式的实质是运用无形资产进行资本运营，它是实现低风险资本扩张和规模经营的有效方法和途径。这也是连锁经营得以迅速发展的根本原因所在。以下是连锁经营企业的八大商规，想通过连锁经营方式获利的创业者可以从中获得参照。

第一，市场前景

你所经营的业务及所在的行业市场是否有前景？是否足够大？如果企业经营的产品或服务的市场不够大，前景黯淡，意味着连锁企业未来很难有所发展和作为。例如，在中国曾经有近万家柯达冲印连锁的门店，尽管有品牌、有技术、有管理，现在几乎已经销声匿迹，原因在于数码相机取代胶卷感光相机，大多数人已经没有必要去冲洗胶卷了。

第二，赢利模式

简单地说，赢利模式就是企业赚钱的方法和策略的组合。对连锁企业来说，最基本的是单店赢利模式。单店赢利模式的好坏，在一定程度上反映了连锁企业的赢利能力、竞争能力以及投资价值。不少连锁企业在没有形成一定连锁规模以前，其单店赢利能力可能并不是太强，形成连锁规模后，与上下游的谈判能力加强，利润空间也不断提升。国美电器、苏宁电器及诸多零售连锁企业都是这种情况。

第三，运营团队

企业的创始人和核心团队是否有事业追求、有激情、有奋斗精神、有责任心、有能力，往往是决定连锁企业成败的关键。再好的市场前景，再好的商业模式，如果没有好的团队操作，同样无法获得成功。联想投资有限公司有“事为先，人为重”的投资理念，和君资本有“老板和经理人封顶理论”，均说明了企业中“人”的重要性。

第四，资本政策

连锁模式最基本的连锁模式有两种，即直营连锁和加盟连锁。相对来说，资本方对直营连锁更为青睐。其主要原因，一是直营能够将各连锁店的财务报表进行合并；二是直营有利于总部掌控各门店；三是相对于加盟连锁，直营连锁的品牌风险要低得多。当然，并非所有的加盟连锁都无法引起资本方的投资兴趣。如果属于产品销售型的连锁体系（即非服务型连锁体系），有良好的品牌形象，总部对加盟店又有较好的管控能力，则同样容易得到资本方的认可。

第五，业绩指标

业绩指标主要包括连锁店数、营收规模、利润总额、单店效益以及连续几年来的年度增长率和复合增长率。侧重于投资不同企业发展阶段的资本方，对这些业绩指标的具体要求不一样。

第六，市场地位

市场地位是指企业在行业或细分市场所占的市场份额和所处的地位。一般来说，在一个细分行业或市场中，处于第一阵营（即前三名）的企业更容易获得投资。相对而言，第一阵营的企业更具有市场的竞争能力和竞争优势。

第七，扩张能力

扩张能力包括两个层面，一是单店复制能力，二是异地扩张能力。一个标准化程度高、可复制性强，并且在异地扩张能力强的连锁企业，毫无疑问容易获得资本方的垂青。连锁单店的复制能力很大程度取决于单店运营的标准化程度，唯有标准化程度高才不会导致复制走样。有的连锁企业在本城市的市场范围内做得好好的，但是一走出去就活不下去，就是因为其品牌、产品或服务以及经营管理模式还无法适应其他市场，因此异地扩张能力也是检验连锁企业成长性的重要方面。

第八，管控能力

没有良好的管控能力，再好的赢利模式也会因管控不到位而“跑冒滴漏”，最终变得毫无赢利能力。具有再强的扩张能力，如果没有管控能力，也会是“连而不锁”，最终是连得快，死得也快。

四、特色经营模式

这里的所谓特色，是指创业项目有着与众不同的特点，具有特殊性。创业者选择具有特色的项目容易在激烈的竞争中站稳自己的脚步，容易取得成功。因为项目富有特色，竞争的对手就相对较少，自己的项目就容易占领更多的市场份额。因此创业者选择具有特色的项目获得的成功机会就大大增加，选择特色项目对于创业者来说无疑是获得成功的法宝。把本来普通的项目设计成有特色的项目，对于创业者来说也是应该考虑和尝试的。

什么是特色呢？我们不妨来看一对老年人的对话，看看他们怎么理解特色的。

说有一对小两口喜欢看电视，看到小沈阳表演的《不差钱》很有感慨。年轻小伙说："你看小沈阳，穿个裙裤为了把人逗傻，跑偏的目的为了让你笑翻天。人家这叫娱乐特色，是搞笑。你说有的人创业中也这样搞笑，生产个'安全套'非得申请商标叫'中央一套'，整个乳罩要申请'中央二套'做商标，这哪里是特色？如此搞笑创业那就是瞎胡闹。"媳妇一唱一和地说："可不是。你看有个洋教练家米卢，他还弄个什么'快乐足球'，说是特色，球员是快乐了，球可没有让人乐起来，临门还是那一个臭国脚，'特别'可不一定就是特色呀。"小伙子说："你没有听孩子们经常说的一句话'冬天穿裙子美丽动（冻）人'的话吗？你要是照婚纱照，穿个羽绒服不穿裙子还真不行。你要是大冬天的穿个裙子大街上走，别人还得说你有病，不但不动人，还得冻死人。"媳妇说："你看现在冬天反季节卖黄瓜，就像冬天穿裙子一样，是有特色，把钱给赚了。有的人把'得瑟'当成特色。本来吃饭得用盘子、碗什么的，有个开餐厅的老板说得整个特色，结果把盘子、碗和桌子都弄成厕所用的坐便之类的形状。让人不吃饭就恶心。这个能叫特色吗？这不是瞎得瑟吗！"

上面说的是一个发生在实际生活中的一些可笑的故事，说的是特别不一定是特色。仔细地想一想，创业特色项目是多种多样的。比如，别人养家鸡，我就可以养别人没有养的野鸡、火鸡；别人养家猪，我就养野猪；别人种普通辣椒，我就种七彩椒；别人大棚种蔬菜，我就大棚种花；别人加工皮鞋、胶鞋，我就加工现在少见的老式布鞋……上面所说的有些特色项目有别于传统项目，是新出现的项目，有的项目则是过去是传统项目，现在已经很少人做，也成了特色项目。我们在选择创业项目的时候可以多看些、多听些和多想一些，就可以找到很多有特色的项目。

真正的特色项目有很大的商机，这是人们把特色项目当做宝一样看待的最根本原因，它能给创业者带来丰厚的商业利润，这一点不容置疑的。现实生活中因为搞特色项目而发家发财的成功者大有人在。

安徽一位农民张才在沈阳打工多少年。在沈阳打工期间，他看到沈阳有人饲养野猪发了财，于是他就在沈阳买几头野猪回到家乡饲养。不到两年，他把野猪的饲养规模由原来的5头扩大到50头，由于野猪的市场价格高于普通猪的三四倍，因此张才从打工者变成了有实力的专业户。

特色项目有风险。既然是特色项目，那就意味着很少有人去做这个项目。如果大家都在做的项目，那就不是什么特色项目了。要知道，商机和风险是共存的。还拿饲养野猪的特色项目来说，虽然有的成功了，但也有失败的例子。

安徽人听到沈阳有野猪，就来到沈阳买野猪。他对野猪的生活习性和饲养方法以及野猪的繁殖等多方面都不了解，在沈阳一共买了10头野猪，在运输途中就死去两头。回到安徽后，他饲养的方法同家猪饲养没有区别，对野猪的野性认识不足，导致野猪受惊吓，结果野猪不进食，又造成了损失。不到半年时间，他买的10头野猪全部损失。这一特色项目没有给他带来商机，却带来了几万元的损失。

选择特色项目创业，要对特色项目进行全面了解，特别是特色养殖和种植，更需要对创业对象有充分的认识和了解，切忌盲目性。一定要采取先小规模地实验，获取一定的知识和经验，然后再扩大规模。一定要让养殖或种植的环境和原来保持一致，对于可能出现的各种风险要有清醒的认识和一定的防范措施。

在选择特色项目创业时，一定要对市场进行客观的研究，看自己的特色项目是否得到市场的认可。比如，手工布鞋如今已经变得越来越少，在市场上很难见到，因此传统手工布鞋成了一个特色的项目。如果创业选择手工布鞋项目，一定要考虑到市场销售的情况。布鞋生产加工出来是为了卖的，如果市场不认可的话，那创业就会夭折。因此在还没有进行这样的创业前就应该考虑生产手工布鞋销售给谁，在哪里销售，能够销售多少。如果你知道别人也做布鞋生意，你就有必要了解一下别人的情况，布鞋面向什么群体销售，市场认可度有多大，再根据自己的调查和研究，总结一下自己假如生产或销售布鞋能否有市场。如果没有市场，如何培育市场、寻找市场。经过全面的考虑并且对可能出现的问题有解决的办法，才可能进行该特色项目的创业。

另外，还有些项目本身并不具有什么特色，但是有的人把项目某些方面进行了特色化处理。比如，饮料本身并不特殊，也没有特色，但大家喜欢喝的各大品牌的饮料口味就各具特色，在市场竞争中就占具有利条件。我们到饭店吃饭，很多饭店的菜单上都有看家的特色菜，饭店总要推出特色菜肴来吸引客人，扩大自己的饭店的影响力。栽花种草不稀奇，有的人就专门把树进行特色地管理，对树从小时就控制不让它长大，进行造型管理，经过三四年，该树就成为可以观赏的精致的盆景艺术树种。很多项目经过人的创意加工，从普通的项目就成了特色项目，这就是项目特色的创意。

进行项目特色创意，要抓住人们消费心理出现的新变化和趋势。新变化和趋势是一种商机，把握了商机，也就把握了财富。这方面的例子有很多。比如，在很多人饱受污染食品困扰时，及时推出绿色食品。市场被大量的肉食鸡占领，很多人渴望吃到过去大量存在的柴鸡，有的人就抓住了人们消费心理变化的这个趋势，在创业中就选择了饲养柴鸡，吃虫鸡的项目，获得了成功。再如，现在生活条件好了，很多人对市场普通的蔬菜不喜欢，吃腻了，总想改变一下口味，于是回想起过去人们在条件艰苦情况下常吃的野菜来。有的创业者观察到消费者对于野菜的需求，立刻就进行野菜加工和野菜种植。有一个农民看到市场上没有野菜做馅的饺子，于是就在家乡开了个饺子馆，推出了系列野菜饺子，获得了成功。上面所说的这些都说明了一个道理，抓住消费者的心理变化趋势，进行项目特色创意，就能够抓住商机。

进行项目特色创意时应该符合社会的公序良俗。有的人为了使自己开的饭店吸引客人，把服务员打扮成红卫兵、八路军甚至日本鬼子的形象，虽然给人的感觉有“特色”，但给人最深的印象是不伦不类。有的人不在创业项目的实质内容进行特色创意，而是看中形式，看中产品名称或商标。有的人在给产品命名时故弄玄虚，侵犯他人的名誉，有的厂家拿名人、伟人的名字做商标，引起人们的强烈不满。这种东西不一定是特色项目，很可能是不伦不类，创业者一定要掌握好这一点。

进行项目特色创意时要符合国家法律规定。有很多人在创业过程中为了突出自己的特色，或者选择创业项目，进行项目特色创意时，拿消费者的健康作为代价。比如，有的腐竹加工厂为了提高自己产品竞争力，“提高”腐竹的品相，在制作过程中使用有毒的“吊白块”，使生产的腐竹很“漂亮”。有的厂家为了增加面粉的白度而增加滑石粉，形成“特色”面粉。有的人制作仿真鸡蛋当做真鸡蛋来销售，凡此种种“创意”都是“歪主意”，是以损害人们的健康为代价换取产品的销售量，这种坑害人的“创意”是国家法律所不允许的，最后只能害人更害己。

灵活掌握特色项目的特点，进行创业才保险。

第一，竞争力强

这一点大家很容易理解，既然是特色项目，那就说明在市场中该项目从事的人很少，竞争对手当然少。只要能够选择好特色项目，就容易在激烈的市场竞争中站稳脚跟，立于不败之地。

第二，具有时间性

有许多特色项目是随时间的变化由传统项目转化为特色项目的，创业者可以根据这个特点来寻找特色项目。有的特色项目则正好相反，原来是特色项目，但是随着时间的推移，从事该项目的人多了，在特定的市场中该项目变得非常普通，失去了原来的特色。

第三，具有地域性

有的项目在某地是个传统的项目，如果把该项目转移到其他地方就会变为特色项目。比如，安徽牛肉板面在安徽是很普通的，如果把它转移到其他的特别是北方那就是特色项目。东北炖菜在东北是非常普遍的，如果到了南方就成为了特色。远来的和尚会念经，不管念得好与坏，原因就在于他们有着特色，是由于地域差别而产生的特色，很多人喜欢。因此在寻找特色项目时，可以根据特色项目的地域特点，把自己所掌握的项目转化为特色项目，这是个很好的办法，不需要自己花费更多时间搞项目特色创意，只需要把项目进行异地“移植”就成了特色项目。

第四，具有指向性

这里所说的指向性，是指特色项目指向特定的人群，而不是指向所有的人。比如，野菜对于生活在野菜产地的人来说就不是特色食品，而是很普通的食品。对于生活在旅游区附近的创业者来说，可以把本地的很多项目转变为特色项目，比如将本地的野菜作为特色食品，但市场销售的对象是来到本地旅游或出差的外地人或外国人。根据特色项目的指向性特点，也可以把本地的某些东西加工或包装运往外地，因为该项目对于外地人是特色项目，是特色产品。就拿柴鸡蛋来说，对于生活在广大农村的人来说很普通，但对于生在城市的人来说却很难买到真的柴鸡蛋。

第五，具有市场不可测性

由于特色项目很少有现成的模式可以借鉴，对于该特色项目的市场情况只能是预测，在具体实施过程中会遇到各种各样的问题，这就需要创业者发挥自己的智慧对遇到的问题进行处理。只要处理好，就会使特色项目为自己带来丰厚的回报；如果处理不好，就可能使自己的创业中途夭折。正因为特色项目具有市场不可预测的特点，所以创业者在选择特色项目时，要尽量把事情考虑充分，把遇到的问题想周到，把规避风险的办法想好，再进行创业，不能急于求成。在选择特色项目时，要做好承担失败风险的心理准备，即使创业不成功自己也能够承受。

五、单一经营模式

单一经营，又称专业化经营，是指企业仅在一个产品领域进行设计、生产或者销售，企业的业务范围单一。这类经营模式的优点是企业面对的市场范围比较窄，能够集中企业的资源进行竞争。这种经营模式的风险在于众多的竞争者可能会认识到专一经营战略的有效性，并模仿这种模式。

事实上，大多数中小企业处于产业链条的低端，缺乏品牌，只能靠“低成本、低利润”的生产模式维持着，许多中小企业缺乏品牌战略和品牌定位策略，品牌建设的手段非常单一，有的过分夸大广告对品牌的作用。其实品牌是锤炼出来的，不是宣传出来的。

长久以来，国内众多的中小企业由于缺乏品牌意识，只能靠贴牌生产赚取廉价的手工费，而且很多企业为了争夺市场订单而形成恶性竞争，竞相让价，最终损害自身的利益。因此，单一化品牌战略势在必行。

单一化品牌战略就是将所有的目标、所有的资源都承载于一个品牌之上的战略类型。单一化品牌战略最典型的特征就是所有的产品都共用一个品牌名称、一种核心定位、一套基本品牌识别，如PHILP在小家电、家用电器、工业电器和IT上，CANON在影像设备和办公设备上都是采取这种类型的品牌战略。

单一化品牌战略最大的好处在于能够“集中优势兵力打歼灭战”，把所有的产品都集中于一个品牌之上，能够减少企业管理的压力，壮大企业的声势，提高企业的实力感，提高新产品的成功率，减少顾客的认知不协调，促进规模经济或降低推广费用，等等。

然而，这种品牌战略也并非“放之天下而皆准”，它适用于各产品或业务单元之间能产生协同效应的，并不适合于那些毫无关联的领域。另外，如果无法共享核心定位和基本品牌识别，那也不适合于此种战略类型。

吉列是单一化品牌战略的杰出代表，无论是在手动剃具、电动剃具还是传感剃具，吉列都采取了完整的单一化品牌战略，甚至连女性刮毛刀也不例外。尽管面临着包括PHILP在内的强大竞争，由于采用这种品牌资产高度集中的战略，使得吉列在任何一个职能单项上都能把对手远远抛于身后。正是在单一化品牌战略的帮助下，吉列产品在美国市场、欧洲市场、拉美市场的占有率达到了惊人的程度。

六、多元经营模式

多元化经营模式分为三种基本类型：集中化多元经营、横向多元化经营和混合多元化经营。

集中化多元经营是指增加新的、与原有业务相关的产品与服务。这种经营方式的特征是提供的产品或者服务和原有的产品或者服务有一定的相关性，提供的对象有可能是现有的顾客，也可能是新顾客，企业可能投入相当的资源拓展新的市场，也可能通过现有的营销网络进行经营。

横向多元经营是指向现有的用户提供新的、与原有的业务不相关的产品或者服务。它的特点是提供的产品或服务与原有的产品或服务没有相关性，并且被提供的对象是现有的顾客，而不是新的顾客。是利用现有的市场，通过现有的营销网络进行经营。

混合多元化经营是增加新的、与原有的业务不相关的产品或者服务。它的特点是企业提供的产品或者服务和原有的产品或者服务不相关，提供的对象有可能是原来的顾客，也可能是新的顾客，企业可能投入相当的资源进行新的市场开拓，也可能通过现有的营销网络进行经营。

越来越多的企业开始信奉多元化经营，多元化品牌战略成为众多企业的经营之道。多元化品牌战略就是把目标分别承载于不同的品牌之上，把资源分别配置于不同的品牌之上的战略类型。多元化品牌战略最典型的特征就是每一个产品或每一个产品群都使用不同的品牌名称、不同的定位、不同的品牌识别。产品品牌多元化的例子有瑞士制表集团，其旗下有雷达、欧米茄、天梭等；产品群品牌多元化的例子有松下，家用电器为 NATIONAL，音像制品为 PANASONIC，立体音响为 TECHNICS。

多元化品牌战略最大的好处就在于能够满足不同消费者的差异化需求，保证每一个产品都拥有自己的定位和独特的个性，通过市场深耕细作，降低单个产品的失败对总体的影响等。

然而，这种品牌战略也并非可以简单地照抄，因为每一个品牌都必须单独推广，势必会增加费用开支，实力不强的企业根本无力承受。另外，它要求更高的品牌组织与管理能力，多元化品牌使得企业的供应链管理、分销管理、推广管理都产生了巨大的压力。

多元化品牌战略的典型是 P&G，自从 1931 年推行品牌经理制以来，一直坚持品牌多样化的原则，仅在洗发水领域就分别有海飞丝定位于去屑、漂柔定位于柔顺、潘婷定位于健康、沙宣定位于专业，等等，二百多个品牌形成强大的组合，不仅使得 P&G 成为资产超过 300 亿美元的超级企业，也使得在日用品领域无人能敌其锋芒。

七、电子商务模式

电子商务是指利用互联网为工具，使买卖双方不谋面地进行的各种商业和贸易活动。它是以商务活动为主体，以计算机网络为基础，以电子化方式为手段，在法律许可范围内所进行的商务活动。现在，电子商务已经进入可持续性发展的稳定期。

电子商务的运营模式主要有如下 13 种。

1. 综合商城。这种综合商城有许多店，就如我们平时进入现实生活中的大商城一样。商城一楼可能是一级品牌，然后二楼是女士服饰，三楼男士服饰，四楼运动和装饰，五楼手机数码，六楼特价……将 N 个品牌专卖店装进去，这就是商城。跟传统无异，网上的综合商城也有庞大的购物群体，有稳定的网站平台，有完备的支付体系、诚信安全体系（尽管目前仍然有很多不足），促进卖家进驻卖东西，吸引买家进去买东西。如同传统商城一样，“淘宝”自己是不卖东西的，它提供完备的销售配套平台。

2. 专一整合型。即把先进的电子商务模式与传统零售业进行创新性融合，用现代化网络平台和呼叫中心的方式为客户服务。主要以网络营销和网站推广为主要手段，主要靠先进的营销理念、高效完善的配送方式、全新的经营模式为消费者提供高品质的完美购物体验。

3. 百货商店。所谓商店，说明卖家只有一个；而百货，即是满足日常消费需求的丰富产品线。这种商店有自有仓库，有库存系列产品,可提供更快的物流配送和客户服务。这种店甚至会有自己的品牌。因为有库存、配送等条件的差异，商店具有不同的特色，也就是说，网上商店是有品牌效应的，各个商店存在着差异。网店有许多家的，众多消费者购物大多是一种随机现象。在购物过程中，影响消费者选择网店的因素很多，而每个因素在总的影响中所处的地位是平等的，可能消费者会因为某一个体验、较小的价格差异，或是一次不好的购物体验而尝试其他的商家。

4. 垂直商店。垂直商店服务于某些特定的人群或某种特定的需求，提供有关的产品或专业的服务。在互联网上有多少垂直商店呢?这取决于市场的细分。每一个领域总有许多家在那里竞争。大家都说互联网没有老二，其实不然，尽管老二活得很辛苦，仍然有许多老二、老三在卧薪尝胆，坚挺地活着。正因为有了良好的竞争格局，从而促使服务更加完善。相比拓展细分市场，选择一条将自己打造成一个品牌、做深做细做专的道路，也是可行之举。

5. 复合品牌店。随着电子商务的成熟，将有越来越多的传统品牌商加入电子商务战场，抢占新市场，拓充新渠道，优化产品与渠道资源。这种网店有多少呢？线下有多少家，线上就会有多少家。

6. 品牌店。人们常说三流企业做产品，二流企业做技术，一流企业做标准。当前中国人赚钱大多是属于产品利润溢价，而非品牌利润溢价。在市场经济条件下，品牌商可以更专注地提供个性化的、更细腻的、满足受众群体需求的产品。基于品牌定位，加强产品设计，运用信息化技术，配合日益成熟的互联网销售平台、日趋完善的物流配送乃至各种服务等，整个电子商务链条日趋细化与完善，品牌商可以专注地做自己擅长的事情。品牌商形成自己的品牌标准，利用最好的原材料提供商，找最好的生产厂商，通过高效益的推广渠道——品牌店，实现强强结合，将专业化品牌的优势发挥得淋漓尽致。放眼望去，世界顶级的品牌企业几乎都是这样做的。

7. 衔接通道型。它是电子商务的一种新型行业，是一个以节省厂商销售成本和帮助中小企业整合供应链资源的运作模式。

8. 服务型网店。服务型网店越来越多，都是为了满足人们不同的个性需求，甚至帮助别人排队买电影票，都有人交易。人们期待见到更多的服务型网店。

9. 导购引擎型。服务业必须站在消费者的角度，这才是正道。导购引擎是有效的采购平台，能够降低商家的营销成本。

10. 社交电子商务。它是电子商务的一种新的衍生模式。它借助社交媒介、网络媒介的传播途径，通过社交互动、用户自生内容等手段来辅助商品的购买和销售行为。社交电子商务一般可以分为两类，一类是专注于商品信息的；另一类是比较新的模式，通过社交平台直接介入商品的销售过程。还有就是社交网店，它让终端用户介入到商品销售过程中，通过社交媒介来销售商品。

11. 电子商务 ABC 模式。ABC 模式是新型电子商务模式的一种，它被誉为继阿里巴巴b2b模式、京东商城b2c模式、淘宝c2c模式之后电子商务界的第四大模式。它是由代理商（Agents）、商家（Business）和消费者（Consumer）共同搭建的集生产、经营、消费为一体的电子商务平台。三者之间可以转化。大家相互服务，相互支持，你中有我，我中有你，真正形成一个利益共同体。

12. 团购模式。团购，就是团体在线上购物，它是众多认识或不认识的消费者联合起来，加大与商家的谈判筹码，争取取得最优价格的一种购物方式。根据薄利多销的原则，商家可以给出低于零售价格的团购折扣和单独购买得不到的优质服务。团购作为一种新兴的电子商务模式，通过消费者自行组团、专业团购网、商家组织团购等形式，提升用户与商家的议价能力，并最大限度地获得商品让利，引起消费者及业内厂商、甚至是资本市场关注。团购的商品价格更为优惠，尽管团购还不是主流消费模式，但它所具有的爆炸力已逐渐显露出来。现在团购的主要方式是网络团购。

13. 线上订购、线下消费模式。这是指消费者在线上订购商品，再到线下实体店进行消费的购物模式。这种商务模式能够吸引更多的热衷于实体店购物的消费者，传统网购的以次充好、图片与实物不符等缺点在这里都将彻底消失。消费者可以在网上的众多商家提供的商品里面挑选最合适的商品，亲自体验购物过程，不仅商品质量有保障，而且也是一种快乐的享受过程。

针对目前电子商务的发展，共有三种网上商店的建设形式。

一是在基于平台的网上商城开店。像“淘宝”、“拍拍”这样的平台，适合于二手或闲置物品，不需要交纳什么费用就可以开店，同时也不需要对店铺进行过多的宣传和推广。

二是进驻大型网上商城，像实体店铺进驻商场一样。进驻“京东”、“当当”这样的大型网上商城，如果没有大笔费用支持和一定的实力，要想进驻也不是易事，另外进驻后如果没有稳定的销量，这样的大牌商城也难有合作空间。

三是正在热起的，也是网上商城未来的发展趋势——独立网店。它无须依托任何平台，可根据喜好选择自己喜欢的店铺风格、可自行设定商品分类及商品管理规则，可自行添加各种支付方式，可按照自己的要求给予用户最好的网上购物体验。

独立网店的功能支持是三种模式中最全面的，服务支持也是最专业的，其费用是三种模式中最低的。目前支持这种模式的主流软件有一些是免费的，只收主机托管（空间、带宽及域名支持等）费用就可开起专业的网店。

八、选择经营模式

什么是“经营模式”？所谓企业的“经营模式”，通俗地说，就是企业赚钱的方式。即企业如何将自己所有的人力、物力、财力等资源有效地组合，产生现金流入的一系列方法。它是创业成功的关键。哪怕你的产品很普通，只要你的经营模式很出色，那么你照样能够成功。

在制定经营模式的时候，有一些常见的错误是需要避免的。

一是不要因为某种企业容易开办就去开办这种企业。前面已经说过，容易复制的经营模式往往不是成功的经营模式。

二是不要因为某种企业很有趣就去开办这种企业。因为有趣并不代表它会成功。经营一个失败的企业肯定是非常无趣的。事实却是经营很乏味的企业反而容易生存下去。

三是要搞清楚自己到底属于自由职业者，还是属于企业家，两者适用的经营模式是不同的。自由职业者喜欢创业的自由，而不愿意承担太大的风险，更不愿意自己的生活被企业管理的琐事拖累。企业家的目标是创造一项赚钱的事业，他们愿意承担更大的风险，愿意把自己全身心地投入企业管理之中，哪怕每周工作 60 个小时也无所谓。

四是不要以为自己可以发明一种全新的经营模式。实际上，世界上赚钱的方式就那么几种，想要发明一种全新的赚钱方法是很难的，你更应该做的，就是充分利用他人已经被证明有效的经营模式。因为这种经营模式已经被证明可以成功，所以你不至于走入一个完全错误的方向，而且你还可以从他人的失败中吸取教训。

制定经营模式的窍门，就是使用倒推法，从最终消费者开始一步步倒推到生产阶段。你可以按下面的顺序向自己提问：

第一步：谁来购买你的产品？为什么购买？市场有多大？

第二步：客户愿意付多少钱购买你的产品？竞争对手是什么价格？

第三步：客户在什么地方能买到你的产品？

第四步：为了让客户买到你的产品，你要付出多少销售成本？

第五步：生产出这些产品，你能够负担的最高生产成本是多少？

通过这一系列的步骤，你就可以整理出经营模式的大概轮廓，其中包括这样几个要点：

一是产品定位。最终消费者如何看待你的该产品？

二是原料。你的上游厂商是谁？

三是生产过程。产品如何生产出来？

四是定价。你卖给批发商、零售商、消费者的价格分别是多少？

五是经销渠道。你怎样向最终消费者出售你的产品？存在哪些中间商？你如何向他们付酬？

六是营销。你如何让消费者了解你的产品？

七是市场的进入壁垒。你的竞争对手会不会轻易地复制你的经营模式？

八是经营规模的扩大。如何扩大业务？

成功的经营模式具有一些共同的特征。你可以看看你的经营模式是否具有这些特征。

1. 这种模式最终应该能够实行赢利。无法实行赢利的企业，迟早要关门，所以赢利是最起码的要求。但是，刚刚开始创业的时候，你可能会经历一段日子亏损的痛苦煎熬。这个时候，你要研究亏损的原因，学会区分这到底是由于经营模式的缺陷，还是属于企业经营步入正轨前的正常磨合期。这里有一个窍门，那就是根据现金流来判断。如果你的项目迟迟无法产生现金流入，或者现金流入始终处于萎缩状态，那么很可能是你的经营模式存在问题。

2. 你的经营模式是不容易被复制的。如果你的竞争对手可以很容易地开出一家同你一模一样的企业，那么你的麻烦就大了。你必须保证能够向顾客提供一些不一样的东西，或者说顾客只有在你这里才能买到的东西，否则的话你就会做得很辛苦，陷入价格战的泥坑，劳碌了一年，年终时却收益寥寥。如果你不能保证有独门技术，那么你就确定细分市场，然后着力建设自己的品牌，这是常规的做法。

3. 你的经营模式应该具有可扩展性。通常刚开始创业的时候，企业规模很小，只服务少数几个客户。这时候你的经营模式能够奏效，并不等于说将来企业做大以后还能奏效。很多成功的小企业一旦扩展经营规模，向大企业的级别跃升，就会出现各种各样的问题，利润的增长开始变缓甚至亏损。你在10个竞争对手中脱颖而出也许不是很难，但是在1万个、10万个、甚至100万个竞争对手中脱颖而出，那就是难度完全不同的事情了。这里没有通用的解决方法，只有靠你自己慢慢地摸索，毕竟不是每家公司都有机会变成世界500强的。很多时候一个小规模的市场就能保证企业的存活。

4. 你的经营模式不应该包含太多的个体因素。这里的意思是，不应该太依赖单个的个人或企业，不管他是员工还是供货商或客户。如果你的公司很依赖某一个人，哪怕这个人是你自己，那也意味着你的公司存在很大的制约性，风险很大。要是有一天你失去了这个人，那么你的公司就有一落千丈的可能。如果你的公司不太依赖某个特定对象，那么你的公司在转让或上市的时候就容易得到一个好的估价。

九、创新经营模式

赢利是每一个公司都需要第一考虑的问题，也是大家感兴趣的话题。赢利之道很容易理解，就是赢利的方法、赢利的思路。那么，我们的企业经营之路该怎么走呢？鲁迅先生说得好："其实地上并没有路，走的人多了，也就有了路。"在企业成长壮大中，鲁迅先生的警句给予我们力量，鼓励我们一定要积极努力，勇于探索，开辟道路。

可是目前的情况却令人困惑，积极努力、勇于探索未必能解决问题。大家经常会遇到堵车的烦恼：一到上下班高峰，咱们城市中那些足够宽敞的大道却往往是车如潮涌，大摆长龙，爬行缓慢。企业经营同样如此，往往是类似的面孔、熟悉的手段、相同的思路，挤上同一条道，千军万马过独木桥，大家谁也走不动。现实给我们的启示是，企业经营必须善于创新，反套用鲁迅先生的话就是："地上本来就有路，走的人多了，也就没有路！"企业经营者要想脱颖而出，必须"不走寻常路"。也就是说，商业模式必须创新经营，即通过创新经营模式才能出奇制胜。

我们也可以从身边的事情——奥运会说起，看看“不走寻常路”的创新是如何促进社会进步的。

众所周知，奥运会是全球体育和人文的最大盛宴和聚会，多少年来它承载着激情、自豪、光荣和梦想，能在自己的国家成功地举办奥运会，是我们的梦想。大家一定记得，2001年7月13日，萨马兰奇先生在莫斯科宣布“北京成为2008年奥运会主办城市”的那一刹那，我们举国上下是那样万众欢呼、激情燃烧的，许多人激动得流下满脸幸福的泪水。然而并不为所有人知道的是，在1984年以前，承办奥运会主要是靠强制指定的，那个时候没有哪个国家愿意举办奥运会，更谈不上是大众期盼或者竞争承办，甚至可以说是各个国家对之都是避之不及。为什么呢？原因很简单：举办奥运会开支太大、收入太少，赔钱太厉害，大家都害怕了。

1972年，第20届慕尼黑奥运会欠债多年未清。

1976年，第21届蒙特利尔奥运会欠债10亿美元，差点让该市市政府破产。

1980年，第22届莫斯科奥运会花费90亿美元，而381家赞助商总共赞助费才约900万美元。

1984年，洛杉矶奥运会当初美国政府拒绝承办，最后由天才的商人彼得·尤伯罗斯出面负责组织，这才一举改写了奥运会传承的历史。

尤伯罗斯大力开源节流，锐意创新经营。举办奥运会最大的两项开支是盖新体育馆和奥运村。尤伯罗斯主张不要盖奥运村，而是借用附近的三所大学学生宿舍来提供临时接待；比赛场馆也多半是利用现有的设施，没有大兴土木新建场馆。为了降低人工费用，一方面大力缩减正规工作人员，常规工作人员减半；另一方面大力招募志愿者，以获得社会热心人士的支持。在开源方面，尤伯罗斯更是力所能及地尽量多收钱：大幅度提高门票价格，同时几乎赛事使用的各项设施都明码标价，一间小型电视广播室收费50万美元，就连火炬传递每一公里也要收3000美元。在赞助费创收方面更是锐意创新：只限定30家企业最终有资格赞助，每个行业一家，每家最低赞助门槛400万美元。赞助方案公布后，各行业内的冤家对手大打出手。可口可乐公司和百事可乐公司竞争，最后可口可乐公司以1260万美元获得独家赞助资格。柯达公司认为400万美元太贵，只愿意出100万美元。尤伯罗斯立刻飞到日本找到富士公司总裁。富士公司正愁找不到进军美国的敲门砖，喜出望外，立刻以700万美元的赞助费用成交。通用公司以900万美元超越丰田公司。最高莫过于电视转播权的拍卖，美国三大电视网角逐竞拍，最终NBC以1.2亿美元获得转播权。结果，尤伯罗斯成功地获得30家赞助商的赞助款3.85亿美元，而1980年莫斯科381家赞助商才赞助900万美元。最后，洛杉矶奥运会总共收入7.6亿美元，赢利2.5亿美元，成为人类历史上第一次赢利的奥运会。自此之后，奥运会成了举办城市发财的机会，各国争相抢办。

如今举办奥运会更是不可同日而语了，奥运会早已摆脱了无人问津的尴尬境地，各个国家争抢奥运会的举办权。北京奥运会仅纪念品——奥运祥云火炬就发行20万只，每只售价2990元，收入几亿元。延续了两千多年的奥运会因此得以传承光大。

回头看奥运承办的发展史，尤伯罗斯利用奥运会是全球唯一的资源优势，通过赞助限制企业数量和设置赞助门槛成功地营造了机会的稀缺性并提升了赞助的商业价值，同时大力开源节流，最终一举获利，让洛杉矶奥运会成为奥运发展史的里程碑。尤伯罗斯通过不走寻常路的思维创新，使用崭新的商业经营方法成功地突破了奥运会多年以来严重亏损的困境，营造了奥运会获利经营的成功模式，进一步铸就了奥运会的辉煌。

和困境中的奥运会一样，面临激烈竞争的企业经营同样需要突破创新。我们说，没有夕阳的产业，只有夕阳的企业；没有夕阳的企业，只有夕阳的思维。面临困难时往往并不是没有出路，而是我们没有找到解决问题的思路，关键是要找到原来的问题点，并针对问题点找到解决办法。

我们通过上面真实的案例可以总结出：成功一定有方法，经营一定有思路。上面的案例展示了清晰的商业思路。我们把这种经营思路称之为商业模式。

在这里我们再重新梳理一下商业模式的概念。什么是商业模式呢？1997年10月，硅谷最著名的风险投资顾问之一罗伯森·斯蒂文问中国著名高科技企业亚信的CEO田溯宁：“亚信的商业模式是什么？”田溯宁反问罗伯森：“什么是商业模式？”罗伯森很奇怪，田溯宁作为CEO竟然不知道什么是商业模式。罗伯森向田溯宁解释说：“一元钱通过你的公司绕了一圈，变成1.1元，商业模式是指这一角钱在什么地方增加的。”这个例子形象地说明了什么是商业模式，同时也说明了“商业模式”这个概念的提法是一个舶来品。其实中国的任何一家企业都在出售产品，然后回收资金，这就是商业模式，只不过以前我们不提“商业模式”罢了。洛杉矶奥运会等具体举例都描述了自身完整的赢利过程，阐述了各自独特的商业模式。

2000年，互联网泡沫破裂，一大批没有实际价值、经不起推敲的网络明星企业关门大吉。原时代华纳首席技术官CTO的迈克尔·邓恩在接受美国《商业周刊》采访时说：“一家新兴企业，它必须首次建立一个稳固的商业模式，高技术反倒是次要的。在经营企业的过程中，商业模式比高技术更重要，因为前者是企业能够立足的先决条件。”管理学家德鲁克说：“当今企业之间的竞争，不是产品之间的竞争,而是商业模式之间的竞争。”由此可见商业模式的重要地位。有资料调查显示，当今中国创业型企业之所以失败，23%是因为战略的失误，28%是因为执行的问题，而高达49%的失败是因为没有找到适合自己的持续赢利的商业模式。

在所有的创新之中，商业模式创新属于企业最基本的创新。离开商业模式，其他的管理创新、技术创新都失去了可持续发展的可能和赢利的基础。所有成功的大企业都是从小企业秉持成功的商业模式一步步地走过来的。我们说，沃尔玛其实是开杂货店的，可口可乐是卖汽水的，微软是卖软件的，国美是开电器店的，小肥羊是开火锅店的。这些企业的成功说明什么？其实说明一个道理：无论是高科技还是低科技，都能成功，关键是要找出成功的商业模式，并把商业模式的赢利能力快速地发挥到极致。

商业模式在学术上为多数人公认的定义是：“为了实现客户价值最大化，把能使企业运行的内外各要素整合起来，形成高效率的具有独特核心竞争力的运行系统，并通过提供产品和服务，达成持续赢利目标的组织设计的整体解决方案。”其中“整合”、“高效率”、“系统”是基础或先决条件，“核心竞争力”是手段，“客户价值最大化”

是主观目的，“持续赢利”是客观结果，也是检验一个商业模式是否成功的唯一的外在标准。

商业模式本质是关于企业做什么、怎么做、怎么赢利的问题，实质是商业规律在经营中的具体应用。前面提到的朱析礼盘活汇源的流程，阐述了他的商业模式，就是通过承诺付款盘下企业、补偿贸易引进设备、新产品返销赢利、签新合同收预付款进入良性发展循环的一个赢利经营过程。

成功的商业模式不一定是技术上的创新，而可能是对企业经营某一环节的改造，或是对原有经营模式的重组、创新，甚至是对整个游戏规则的颠覆。商业模式的创新贯穿于企业经营整个过程中，贯穿于企业资源开发、产品研发、制造工艺、营销体系、流通体系等各个环节。每个环节的创新都可能塑造一种崭新的、成功的商业模式。

任何一家大企业都是从小企业起步的。让我们认真审视一下我们身边的“创造了商业传奇”的企业：百度、蒙牛、国美、海尔、联想、李宁、娃哈哈、汇源、五粮液、小肥羊……它们从小到大成功发展的方法是否相同？

列夫·托尔斯泰说：“幸福的家庭大体相似，不幸的家庭各有各的不同。”而这里，细心的朋友一定看得出：失败的企业大体相似，成功的企业各有各的不同。企业的失败大体就是那么几种原因：资金、人才、战略、执行，等等。企业的成功之路则各有千秋。百度的竞价排名，蒙牛的事件营销，国美的多成分系统模式，海尔的专注服务，联想的多元经营，李宁的运动员品牌经营、娃哈哈的渠道联营……每个成功的企业都是找到了适合自己发展的独特的商业模式才发展壮大，并不断随着经营环境、竞争因素以及消费者变化来调整和升级自己的商业模式。

我们说："其实地上本来就有路，走的人多了，也就没有路！"在市场千变万化、竞争日益激烈的今天，我们的企业要想脱颖而出，发展壮大，必须不走寻常路，要设计适合自己的、富有竞争力的、与众不同的成功商业模式。

第五章　规避经营风险

创业虽然有风险，但是风险与机会是并存的，风险越大，机会可能越多。正因为如此，许多创业者“明知山有虎，偏向虎山行”。事实上，不是说有人竞争就是风险，有的风险可能是进出口汇兑的风险、餐厅有火灾的风险等，经营者应当注意当风险来时如何应对。

一、做好经营风险评估

对经营风险进行评估，必须首先知道风险来自哪里。经营风险来自三个矛盾。一是演习与实战的矛盾。在创业初期所做的事情都具有探索的性质，这便产生了一个矛盾，本来属于探索的对象，却当成了确定的对象，本来属于实验的内容，却当成了真实的内容来做。二是能力与实践的矛盾。获得创业能力的唯一途径是实践，而投资者通常是在没有实践经验的情况下开始实践，这便产生创业投资的能力与实践的矛盾。三是功能创造与功能决定的矛盾。创业者是功能的创造者，而功能的有效与否决定于功能使用者的货币选票。矛盾就这样产生了，功能的制造者不是功能的决定者，这个矛盾是市场未知性的表现。

如何分析这三个矛盾，应该遵照以下做法。

第一，解剖创业项目的可行性要素

创业项目一经确定，立即着手实施是危险的。因为，对创业项目的考察再充分也是务虚，对信息的拥有不可等同对信息的理解。

解剖是理解创业项目要素的途径。解剖的办法是剥开皮后抓关键。

什么是皮？举个例子：A与B谈一个“电动扳手”的项目，电动扳手用于给汽车换轮胎，其先进性在于省时省力。A介绍了拥有该项目的公司如何正规，发明人有多少头衔，拿出一摞文件即专利证书、技术鉴定等，还有关于成本和销售价格以及广阔的市场前景分析。B姑且认定这些都是真的，可这一大堆“真”又能说明什么呢？关键是现在司机使用什么工具换轮胎，司机是否在意省下10分钟时间？司机是否愿意用汽车电瓶里的电？比手动扳手多花200元钱，司机是否乐意？这些才是项目的关键。什么头衔、证书和赢利等都是“皮”。

第二，验证创业项目是否可行

对解剖后的创业项目要件要逐一实施检验，证明其是否可行。如果能够在规模投资之前完成对项目主要内容的检验，直接关系到投资的成败。对于制造产品的项目，通常有两点是重要的：一是技术，二是市场。技术的检验对象包括：先进程度、核心所在、相关技术、相关工艺、所需设备、特殊工具、环保要求、具体标准、包装储运，还有技术引进的方式等。这些一旦涉及技术则务必搞懂弄透，否则后患无穷。对创业项目的市场要先走测试之路，甚至对市场的测试要先于技术。市场测试的目的很简单，就是你这个东西是否行得通。当然还要测试市场目标、入市渠道、价格定位、市场容量、销售方式、销售管理等。

其实，在创业项目可行性的解剖和验证两个方面，只要有一个不能得到透彻的理解和较充分的把握，任何投入都是死路一条。

第三，对创业项目的综合分析

综合分析是对创业项目的整体理解和把握。理解到何种程度？怎样才是对创业项目的把握？标准是“行得通”，每一个经过验证的对象要达到行得通后才可以进行综合。什么是行得通呢？涉及如下几个方面：

一是技术上行得通，就是拿得出合乎目标的产品。

二是经济上行得通，就是从市场销售价格倒推到综合成本，必须有利润生长的空间。

三是标准上行得通，就是最终用户能够接受。

四是模式上行得通，就是创造项目能够环环相扣，实现目的与方法的和谐。

二、怎样避免经营风险

一个好的创业者不应回避风险，但应在经营活动中尽可能降低风险，预防风险。如何降低风险、预防风险呢？可以从以下四个方面把握。

第一，学会分析风险

在市场经济条件下，在经营活动中可以说处处有风险，投资有风险，筹资有风险，经营也有风险。创业者对每一个经营环节都要学会分析风险，做什么都不能满打满算，要留有余地，对可能出现的风险要有明确的认识，对各种可能出现的风险都要有克服的预案。

分析风险主要是预测风险发生的概率、风险的程度和范围。各种风险只是可能发生，而不是必然发生。可能性有大小，这就是所谓的风险概率。风险程度是指某种风险一旦发生会对生意造成多大的负面影响。负面影响越大，风险程度越高。如果你有多种应对风险的实施方案，应该对各方案进行评价，进行权衡比较。一般来讲，获利高的方案风险较大，风险小的获利也少。如果风险小获利又大，那自然是最佳方案。但十全十美的方案是没有的。再者，还要考虑各种风险因素对生意发生影响的时间及时间的长短，是影响全过程还是影响某一阶段，是影响局部还是影响全面。

此外，为了避免经营风险，要尽可能地分散风险，不把鸡蛋都放一个篮子中。例如，你可以实行合伙、股份制经营，这样其他合伙人也承担一定的风险、责任。实行多元化经营、多行业投资，从而使风险分散。但这需要资金雄厚，弄不好会导致力量分散，一事无成。

第二，善于评估风险

要通过分析预测风险将会带来的负面影响。例如,投资一旦失误，可能造成多大损失；筹款万一到期无法挽回，可能造成多大的经济损失；货款一旦无法收回，财经产生多少影响；资金周转出现不良循环，对正常的经营活动会造成大的影响，等等。

第三、积极预防风险

防范风险要采用积极的对策，例如，对投资方案进行评估，对市场进行周密细微的调查，制定科学的财务政策，落实货款措施，等等。一旦某个环节出现了问题，就要从整个系统着眼，采取积极的补救措施，限制负面影响的扩散。

第四，设法转嫁风险

风险虽然是不可避免的，但是风险是可以转嫁的。例如，财产投保就是转嫁投资意外事故风险，购商品是转嫁筹资风险，以租赁代替购买设备是转嫁投资风险。只要转嫁风险的方法使用恰当，确实可使企业的风险降到最低限度。

三、规避合伙经营风险

合伙经营是许多小型企业的常见经营模式，尤其是相对复杂的创业构想。实际上,很多生意上了规模之后,通常都会进行合伙经营。合伙经营的好处十分明显，尤其是中国市场已经发展到现在，对特定创业构想的启动资金要求已经很高，平均来说大约是 10 万元。同时，如今市场基本上进入买方市场，各种生意都已经有太多的企业在经营，人们都说生意难做。在这种市场大背景下，合伙创业经营有更大的吸引力。合伙经营首先是资金的压力较小。一项投资 10 万元的创业企划，对于一个人来说有较大的压力，但由两个人分担，压力就小了很多，对于有一定积蓄的你可以轻松地承担。

从理论上来说，合伙经营是创业的好起点。然而对某些创业者来说，合伙经营并不是经营一家企业的最好方式。合伙经营中最麻烦的是，这种关系和结婚很像，如果你了解相关数据就会知道，很大一部分婚姻关系最终会解体。要维系和谐的婚姻关系需要处理好很多错综复杂的合作问题：利己主义、金钱、压力、每月基本费用和每天的开支。合伙经营者要管好该管的人，要搞清楚成功维系合伙经营都需要做些什么。

如果你正在考虑与人合伙，请仔细阅读下文，你就能尽量避开下面可能会带来麻烦的错误做法。

第一，合伙经营共享资本而不是费用

当你与人分享自己的资本如金钱、资源、信息或资产时，就是自动将你的创业能力分给对方。在理想的条件下，你的合伙人应该既正派又诚实，绝不会试图将你分享的财富据为己有后转身走人。不过，现实世界并不完美，所以你必须小心。更好的办法是制订一份资本共享协议，在一份“联合”协议下分摊企业的费用开支。如果事情的发展不对头，大家可以很方便地分开。

有的人合伙经营的原因是因为雇不起人。这种出发点本身就是个错误的，随时可能会摧毁合伙经营关系。这种情况多半是这样的：张三有想法，李四有技术，但张三雇不起像李四这样的人，于是他们决定分担税务、费用及利润。结果张三和李四成了水火不容的对头，处处对着干，而且张三发现根据合伙协议自己竟然要为李四的债务负责（财务上的或其他方面的）。如果你有好点子而别人有你创业项目所需的技术，只需要去雇用对方来为你工作就好了，或者让对方签一份独立承包协议，你没必要将任何属于自己的东西拱手相让。

第二，没有正式签订书面合伙经营协议

由于合伙经营关系自身的特点，所有合伙经营的细节和责任都应有明确的规定并落实在书面上，并且获得所有参与方的一致同意。最好是由一位各方都认可的律师来起草一份书面法律协议。要找一位精通商业合伙关系的律师，保留这位律师的联系方式，以便随时联络。当合伙经营偏离轨道时，你大概会需要他的帮助。

第三，忽略有限合伙经营关系

合伙经营协议最终破裂的主要原因之一是：协议中的每一方都认为其他人应该承担责任，大家的认识很难达成一致。解决这个矛盾的方法是建立有限合伙经营关系，有限合伙经营人对普通合伙经营人的行为或债务不负任何责任。同样，需要有一位对此领域非常熟悉的律师来起草相关合伙经营协议。

第四，没有准备后路

很多知名人士都会为婚姻准备一份婚前协议。在商业领域里，这就相当于在合伙经营之前准备一份协议。在这种合作经营协议中，明确退出合伙经营关系的条款可以帮助你和合伙人从合作经营关系中抽身，或提供收购对方股权的选择。这种条款可以非常简洁明了，也绝不会阻碍企业的成功经营。

第五，期望合伙经营关系破裂后依然是朋友

以婚姻关系为例，你认识多少离异后真的还能做朋友的夫妻？我猜不会太多。所以千万别带着“就算合作不成也还是朋友”的天真念头跟朋友合伙做生意。朋友之间携手创业虽然听起来不错，但一定要记住，在商业世界中，永远是“生意第一、友情第二”。你还需要记住，当合伙做买卖不成的时候，往往朋友也没法做下去。

第六，“五五开”的合伙经营关系

任何企业都需要一个老板，包括合伙经营的企业。如果你决定采用合伙经营方式，那就应选择“四六开”或“三七开”的比例。这样你的企业才有统筹全局的责任人。还要有对自己有利的、明确的收购或退出策略——让自己受益的策略，能减少未来经营中的麻烦。

四、规避连锁经营风险

连锁经营虽然有其巨大的优势，但也存在一定的风险。很多人只看到连锁经营发展很快,好处很多,而忘了事物总是存在着两面性。如果不加分析，盲目地参与连锁经营，就很容易遭到失败。连锁经营不是一用就灵，它只不过是一种经营组织方式而已，只有和经营者的能力、资金以及市场环境等各方面因素相结合，才能发挥出最大的功能。所以在看好连锁经营的同时，应对连锁经营存在的风险有清醒的认识。

连锁经营的风险在哪里呢？其实连锁经营的风险并非其本身带来的，而是运用它的经营者和市场环境带来的。

一是由经营者带来的风险。连锁经营作为一种现代化的经营形式和组织形式，要求经营者具备相应的素质和能力。虽然，连锁总部会对加盟的经营者加以一定的技能培训，但面对变化不定的市场及时作出不同的决策所体现的一种经营才能和天分并非人人都具有。而且连锁总部所提供给加盟的连锁经营者的经营诀窍和经营模式并不能保证成功，它只不过是提供了一个基本的业务工具，经营成功与否最主要的还是要靠加盟经营者的经营才能。决策的失败意味着经营成果的丧失，由此带来一定的风险，这是由经营者带来的风险。

二是由市场带来的风险。市场变化莫测，消费者的需求呈现多层次、多样化的趋势，面对日益增加的不确定因素，即使是优秀的连锁经营者也可能一着不慎，全盘皆输。此外还面临着激烈的市场竞争，这是由市场本身带来的。

三是因连锁总部指导不力以及信息传递、广告宣传出现偏差等带来的风险。连锁经营者加盟的连锁支援、指导不力，特别是信息传递、后勤支援、广告宣传等出现偏差或力度减弱，都会给经营者带来意外的风险，甚至连锁总部倒闭，使连锁经营者遭受重大损失。

通过对连锁经营存在风险的分析，我们给出几条规避建议，供参与连锁经营的读者参考。

第一，搞好自我评估

如果你想拥有自己的事业，首先应该仔细评估一下你的态度、能力和长期目标。每一个创业者或经营者都应该真实客观地对自己作出全面评价，不要被别人的念头干扰，应该仔细考虑连锁经营每一个细节方面的问题。

第二，搞好行业评估

对你打算参与连锁经营的行业的现状、竞争对手、发展前景等作出评估；然后对目标商业圈进行评估。

第三，搞好对连锁总部的评估

你要尽可能多地掌握连锁总部的信息，比如，其资格是什么，背景是什么，其体系模式的完善程度如何，其信誉度如何以及该行业在市场中的地位如何，等等。然后你再考虑一个问题：它的优势和劣势各是什么？对你合不合适？

五、规避特许经营风险

尽管特许经营有着诱人的魅力，经营的成功率很高，但任何事物都有正反两面，特许经营同样有利有弊，存在诸多风险。盲目地扩张势必定会自毁招牌，为了眼前的利益只顾收取特许经营费、加盟费，则会使企业自贬身价，最后被拖进失败的泥潭。

特许经营的风险主要有：特许经营企业品牌的知名度不高；特许经营体系扩张过快，结果总部的物流供应、后勤服务等跟不上去；特许经营的规范程度较低；特许经营的法律规范不够健全；被特许者的商业道德意识淡薄，等等。

特许经营既有机遇，又有风险。如何把握机遇，规避风险，应从以下几方面入手。

第一，培育名牌企业，提高品牌的知名度

目前全球经济进入了品牌竞争的时代，一个已在管理、经营方面独树一帜、崭露头角的企业，在无法进行资本扩张的情况下，用特许经营的方式同样可以迅速地建立起自己的连锁王朝。当今国内连锁业中的知名企业仅有华联、内蒙古小肥羊、北京全聚德等为数不多的几家，而且其知名度、美誉度及运作的规范性都有待进一步提高。虽然在短期内我国很难出现像沃尔玛、麦当劳等知名度高，对加盟者吸引力大的知名连锁集团，但只要能够科学规范地运作，经过数年的创业磨炼，必能创造出自己的品牌，提高自己的知名度和美誉度，使自己拥有一个被消费者认可的品牌和可供别人利用的“无形资产”。

第二，重点发展，推进业态多样化

连锁业态数量的多少是一个国家或地区连锁经营发展速度和水平的重要标志。目前，我国虽然已基本具备发展特许经营的条件，但各连锁业态水平参差不齐，各地区的经济条件差异很大。要发展特许经营，必须先选择重点领域与重点地区发展，然后再推广到其他领域和其他地区。除继续在餐饮、服务行业发展外，今后还需要在服装、眼镜、钟表、首饰、床上用品、图书、家政服务、快餐、邮政、医药、娱乐健身、生产资料、家电、美容美发等行业大力推进特许经营，推进连锁业态多样化。

第三，加强规范化运作

规范化运作，是发挥连锁经营系统整体功能，提高连锁经营规模效益的基本保证。连锁总部要为特许经营加盟店提供全方位的服务，满足特许经营加盟店和顾客的需求，从而形成总部、特许经营加盟店和消费者“三赢”局面。国内外成功的连锁企业对特许经营的加盟店的服务措施可以概括为三个方面。

一是按照公司经营理念和行为规范的要求为特许经营加盟分店经营人员提供培训服务，以提高特许经营加盟店经营人员的经营水平和对公司理念、行为规范的理解程度。

二是通过批量进货、规模采购使特许经营加盟分店获得同行业价位最低的货源，为加盟店降低进货成本，提高经济效益提供可能。

三是将现代化大工业流水线生产方式的程序和统一规范引入经营管理，为特许经营加盟店提供统一的经营管理标准、CI 设计及店面装修、服务礼仪规范等。

第四，完善法律法规

建立与完善有关特许经营的法律法规，创造良好法制环境，是保障特许经营健康发展的先决条件。有了相对完善的法律法规，就能够维护授权者和被授权者的合法权益，依法规范特许经营活动中的交易行为，依法解决特许经营过程中出现的争端，从而保障特许经营的健康发展。在特许经营的实践中，可以根据实际情况制定特许经营的法规和管理制度，如《特许经营管理法》《特许经营关系法》等，并不定期地组织有关人员进行检查，对不符合要求的限期整改，将特许经营监督纳入法制和有序的轨道。同时，要加大《合同法》的执行力度，对违背合同者一定要依法处理，排除地方保护主义等各种干扰，依法办事，形成重合同、守信用的法制环境。此外，还要提高全社会的知识产权保护意识和法制观念，加大知识产权保护和执法力度。坚决查处和惩罚各种侵权行为，使知识产权得到切实有效的保护。

第五，健全培训体系

在特许经营盛行的零售业和服务业中，竞争已趋向白热化。在这些以“人”为核心的产业里，人才的素质将是决定企业生存和发展的命脉。如何为企业培养更忠诚、更高效率的员工，将是特许经营企业首先必须考虑的问题，唯有如此，才能更好地激发企业员工的创造力和战斗力。为此，行业的有关部门要设定培训目标，制订培训计划，采用多种形式和渠道，动员各方面的力量举办培训班，组织考察学习，利用各种传播媒体，普及特许经营的知识。同时，要向正规教育渗透，凡经济类的大学或研究生教育，在开设的营销课程中要把特许经营作为重要章节。对社会需求较大的 MBA 专业，可根据学生的择业与发展方向，把特许经营作为一门选修课来开设。有条件的大学可设置特许经营专业，逐渐培养出一支高素质的适应特许经营市场的需求的经营管理者队伍和专门人才队伍。

六、规避网上创业风险

无须缴付租金、雇员费用的网上开店方式吸引了不少人，不少人迫切想知道网上如何开店，网上如何交易，恨不得马上就去网上开一家网店。其实，网上创业也有风险，要想赚到钱更是不易，要规避风险需做好以下几点。

第一，是否有廉价、稳定的货源渠道

如今，网上交易之所以红火，最大的特色在于买者能从中挑到价廉物美的东西。那么，对于创业者来说，你有廉价货物的渠道吗？所以，到底准备卖什么，这是创业者需要好好分析的。目前，从网上交易的产品来看，服饰箱包类、数码电器类、化妆品类是几大热门产品，同时，工艺品、保健品等也有一定的消费者。

从交易的产品中可看出，一类是与网下同等产品相比价格非常便宜的产品，如手机、电脑、化妆品等；另一类是网下不常见或不曾在市场流通的产品，如各种优惠票、独特的饰品等。

网上一些已经创业的店主，多半有一个固定的供货渠道，有的人是代理了某个知名服饰品牌，有的人网下有固定的店面，有的人专门到香港进货。所以，对于创业人员来说，除了学会如何上网、如何登录以外，更要考虑自己的实力和能力。如果创业者觉得网上开店只是将网下普通的产品搬到网上而已，那就会给自己的创业带来风险。

第二，要学会开价

一位店主曾经在网上卖过两部手机，她开出的价已经比网下的价格便宜了三四百元，而且还赠送充值卡。可是半个月挂下来，根本没有买家出价。后来,她仔细地分析原因,发现是她的出价太高了,另外她没有配上产品的照片和令人注目的标题而失去了机会。

所以,店主学会开价是很关键的。因为网上产品其实是通过拍卖的形式成交的,即卖主开出一个价,然后各路买家再加价,直到成交。因此,卖家开出的价并不是自己心里要出售的价,而是要便宜,然后再靠人气将价格拍卖上去。所以你对商品的描述、商品的定价一定要吸引人,这样才能增加点击率聚拢人气,为你的小店拉进长期的顾客。

第三,要有生意胆量

网上开店不是那么简单,同样考验店主做生意的胆量。创业者如果以为将商品登录到网上就没事了,那肯定赚不到钱。

首先,你如何让买主知道你的网上小店?最好的办法就是做广告。有一位店主长达几个月连续在首页上做商品广告、做店铺广告,每天上百元的广告费也成了不小的投资。创业者如果做广告,一定要选择漂亮的广告语,才能引人注目。

其次,面对赚钱机会,你有胆量"吃"下吗?网上开店和网下开店都需要魄力,曾有一位店主一口气买断了网上一批每个价值30元的背包,这么做并不是为了独家专卖,而是打出了一则广告:"购买 ××× 送时尚背包"。由于这款背包很受欢迎,以至她店里的货物销售一空。店主的行为其实需要很大的魄力。创业者如果没有做生意的胆量就会失去赚钱机会,当然,这样的机会是充满风险的。

七、敢于承担管理风险

对于创业者和经营者而言,应该学会承担管理成本,通俗一点儿说,就是应该具有主动承担管理风险的品质。企业经营者为达成管理目标，对下属充分授权，并且主动承担因对下属授权可能引起的管理风险，其中包括管理成本。

所谓管理成本，是指为组织和管理生产活动所发生的人工、生产资料等非直接耗费。管理成本与产品的产量没有直接关系，不应计入产品的制造成本，而作为期间费用直接冲减企业当期的收益。

目前,很多企业经营者抱怨管理人太难,特别是针对“80后”、“90后”的人更是如此。其实企业没有不好管理的员工，只有不会管理的管理者。当然，企业经营者是有潜质的，从某种意义上讲，这种潜质大部分是与生俱来，后天能获得的管理能力往往是有限的。

电视剧《朱元璋》有这么一个故事，说的就是敢于承担管理风险。

朱元璋原名朱重八。贫寒年少朱重八和一群小孩放牛时玩做皇帝的游戏，朱重八承诺：“以后我做皇帝，每天赏给大家两个馍，把刘财主的女儿给汤和做老婆……”后来一群小孩说：“重八哥，我们饿了。”朱重八说：“我给你们肉吃，把刘财主家的小牛宰了吃，有什么事情我一个人顶着，绝不连累你们！”最后，朱重八因宰吃了刘财主的牛被打得皮开肉绽，但他没有连累他人。数年后，朱重八统领这帮小朋友东征西讨，建立了长达280余年的大明皇朝。为什么朱元璋能够成功呢？少年的朱元璋很穷，没有饭吃，没有上过学，更没有读过MBA，但他有两个闪光点：其一是给他的伙伴们一个明确的目标、无穷的遐想；其二就是敢于独自承担管理风险！

作为企业经营者或创业者，一定要善于明确目标、善于授权，更要善于承担管理风险，勇于承担管理成本！

第六章　制订营销策略

营销的工作分为“营”与“销”,“营”指的是根据市场需求组织生产产品,“销”指的是通过销售手段把产品卖给需要的客户。营销策划应该是整个市场工作的重心,需要加强重视,着重研究行业动态、产品卖点策划、促销策划、品牌策划等工作。

一、选择目标市场

这里的目标市场指的是品牌目标市场。目标市场的选择策略,即关于企业设计的品牌产品由哪个或哪几个细分市场服务所决定。选择品牌目标市场一般运用下列三种策略。

第一,无差别性品牌市场推广策略

无差别品牌市场策略,就是企业把整个市场作为自己的目标市场,只考虑市场需求的共性而不考虑其消费者个性与差异,运用一种产品、一种价格、一种推销方法、一种文化理念,吸引尽可能多的消费者。

这种策略的优点是产品(服务)单一,容易保证质量,能够大批量生产,可以降低生产和销售成本。如果同类企业也采用这种策略时,必然会形成激烈的竞争。闻名世界的肯德基,在全世界有800多家分公司,都是同样的烹饪方法、制作程序、质量指标、服务水平,采取无差别品牌市场策略,取得了骄人业绩。

第二，差别性品牌市场推广策略

差别性品牌市场策略就是把整个市场细分为若干子市场，针对不同的子市场设计不同的产品，制订不同的品牌营销策略，满足不同的消费需求。如美国有的服装企业按生活方式把妇女分成三种类型：时髦型、男子气型、朴素型。时髦型妇女喜欢把自己打扮得华贵艳丽，引人注目；男子气型妇女喜欢打扮得超凡脱俗，卓尔不群；朴素型妇女购买服装讲求经济实惠，价格适中。公司根据不同类型妇女的不同偏好，有针对性地设计出不同风格的服装，使产品对各类消费者更具有吸引力。

第三，集中性品牌市场推广策略

集中性品牌市场营销策略就是在细分后的市场上，选择两个或少数几个细分市场作为目标市场，实行专业化生产和销售，在个别少数市场上发挥优势，提高市场占有率。采用这种策略的企业对目标市场有较深的了解，这是大部分中小型企业应当采用的策略。日本尼西奇起初是一个生产雨衣、尿布、游泳帽、卫生带等多种橡胶制品的小厂，由于订货不足，面临破产。总经理多川博偶然从一份人口普查表中发现，日本每年约出生 250 万个婴儿，如果每个婴儿用两条尿布，一年需要 500 万条。于是，他们决定放弃尿布以外的产品,实行尿布专业化生产。在一炮打响后,他们又不断研制新材料，开发新品种，不仅垄断了日本的尿布市场，还远销世界 70 多个国家和地区，成为闻名于世的“尿布大王”。采用集中性市场营销策略能集中优势力量，有利于产品适销对路，还可以降低成本，提高企业和产品的知名度。

上述三种品牌目标市场推广策略各有利弊。选择目标市场进行营销时，必须全面考虑企业面临的各种因素和条件，如企业规模和原料的供应、产品类似性、市场类似性、产品寿命周期、竞争的目标市场等。

选择适合本企业的品牌目标市场推广策略是一项复杂的工作。企业内部条件和外部环境在不断发展变化，经营者要不断进行市场调查和预测，掌握和分析市场的变化趋势与竞争对手的条件，扬长避短，发挥优势，把握时机，采取灵活的适应市场态势的策略，去争取更大的利益。

企业在进行决策时，要具体分析产品和市场状况以及企业本身的特点来选择品牌目标市场营销策略，要明确企业应为哪一类用户服务，满足他们的哪一种需求。

二、推广产品特点

也许你今天还在深深地埋怨用户怎么这么不给力，也许你还在抱怨自己明明用了百分之二百的努力去推广了，可还是不成功。关键在于什么呢？每个做推广的人都认为自己是推广高手，虽然自信是好事，但是盲目地自信可不是好事。

推广不给力，问题肯定不是出在用户身上，而是出在自己的推广方法、推广技巧上。一些推广人员认为自己的推广很给力了，却收不到预想的效果，原因就在于他们不了解自己的产品特色，所以推广很难成功。

推销产品当然要侧重产品特色的宣传，要透彻分析客户的消费心理，了解客户的消费观念，站在客户的角度进行分析，直击客户“要害”，进而形成自己产品的卖点。同推销特色产品一样，新上市的新型产品占市场优势，推销方式较为灵活，当然也要说服客户认同自己的产品。要站在客户的角度分析，产品各方面质量过硬，够“新型”，重点突出产品的卖点，足以使你的产品对客户产生足够的吸引力，更重要的是产生品牌效应。在推销过程中要占领主动权，抓住客户，挑起客户的兴趣，只要客户愿意听，被打动，那就离成功不远了。

下面是如何抓住产品特点，使推广更成功的方法。

第一，了解自己推广的产品

对于自己的产品都不了解的话，用户一问三不知，自然无法成交。这是最差的推销员。推销员必须十分清楚地了解自己的产品，因为用户想要了解产品的特点、性质、功能、售后等相关内容。如果你是用户，当卖家回答你的问题时：我也不清楚，要不你买来试试看？你会买吗？

作为推销员，第一步就是要对自己的产品有足够的了解，并且能做到问一答三的境界，这样可以让自己在用户的心里建立一种专业、认真、诚信的形象。

第二，分析自己产品的优势

事实证明，对自己产品的优势进行挖掘，是推广人员推广必胜的关键一步。

网络上同类产品有千千万万种，为什么用户要买你的产品呢？你的产品与同类产品的区别在哪里？你的产品有什么优势、有什么特色？这些都需要推广人员对自己的产品熟练地掌握。最主要的就是把自己的产品的优势分析出来，通过与同类产品的对比，找出自己的产品有的而别的产品没有的优势，特别是对用户实用的优势，利用这种优势与同行进行竞争。

就像牙刷，牙刷的种类几百种之多，怎么让自己的产品脱颖而出成为销量之王呢？价格只是影响销量的一个方面，最重要的是产品的实用性。比如你推销的牙刷具有 360° 保护牙龈的功能，那么就利用这一优势，并且把这一优势逐渐扩大，以点打面地与对手竞争，自然就很容易超越对手而取得市场竞争的优势。

第三，结合自己的产品选择推广的方法

每一种产品都有不同的推广方法，比如，淘宝客利用商城平台推广的效果肯定比利用论坛博客的好，而软件类的产品通过导航推广效果比较好。所以，推广人员应该根据自己的产品特点、用户群、产品优势选择推广的方法，用合适的方法才能把推广效果最大化。淘宝客利用站长类的论坛推广会有最大化的效果吗？软件类的产品利用博客推广会有最大化的效果吗？答案是否定的。好的产品需要选择合适的推广方法，至于什么样的方法才合适推广自己的产品，那就需要推广人员根据自己的产品特点针对的人群来进行分析了。

选择的推广方法好不好，将决定产品的销量大不大。仔细地选择推广方法，可以让你在推广的路上少走弯路，少做无用功。只要选对了方法，得来的推广效果自然会是最大化的。这样自己的努力可以得到应有的回报，也可以使用户找到自己所需的产品，一举两得。所以，选择推广方法要根据自己的产品特点优势来分析选择，千万不能马虎啊！

只有对自己的产品特点有足够的了解，才能在用户问问题时如行云流水般地一一解答。如果用户问你，你什么都不知道，那么让用户怎么相信你的产品啊？就像自己去买菜一样，如果连菜是从哪里来的都不知道，自然就会对其安全性产生怀疑，就会放弃购买的欲望。

只有全面地了解自己的产品，抓住产品的特点，推广产品才会简单轻松，推广成功的概率就会更高。不信的话，你可以试试。

三、了解营销对象

如果你不知道自己的营销对象是谁的话，那么你的市场营销计划通常是不会有任何成功的机会的。这就是说，你必须清楚地知道你的营销对象是谁。

做到这一点看来似乎很容易。是否你的营销对象就是你的客户呢？是，又不是。

首先，你必须根据客户是现实的还是潜在而采取不同的沟通方式。如果现存的客户已经了解你，而且喜欢你的产品和服务的话，他们通常会对你持有良好的态度。对于潜在的客户，你需要进一步沟通、了解、挖掘。

另外，你现存的客户绝对不是你唯一的营销对象。事实上，任何适合你的产品或服务的对象都构成营销对象，都是你的潜在客户。在现代世界中，交流很快，对人的印象可以在很短的时间内得出，你必须在开展营销活动之前，对谁是你的营销对象保持清醒的头脑。我们重复这一点，主要是因为很多推销者很少考虑这些，只有在他们毁坏了可以给他人留下美好印象的机会后，他们才明白营销对象比他们想象的要多得多。

作为推销者，你必须进行长时间的认真思考来搞清楚谁是你的营销对象。事实上，你的营销对象通常包括下面的全部或大多数：你的现有客户，你的潜在客户，你的员工，你的供应商，政府机关中的公务员，等等。

推销员在不知道客户想要知道什么信息的前提下，你不可能实施任何营销计划。很多推销员对自己的计划总是雄心勃勃，却不关心客户的计划。即使他们关心客户的计划，也没有在真正开展营销活动和表达相应信息时把这些考虑在内，他们只是在需要时才直接决定应该创建什么信息。其实他们应该更深入地考虑客户的需求。

事实上，你并不一定必须是一位营销天才，只要努力去做，你一样能够找出营销对象需要什么样的信息。营销对象有自己的计划，而这些计划和安排并没有任何秘密。你要做的就是花时间去了解他们要什么。一旦你这样做了，你的营销计划获得成功的概率会有很大提高。

每一个营销对象都有自己的需求，有些需求可能范围非常狭窄。比如，如果你在做行业间的交易，一些行业管理者可能就是你的重要营销对象。他们想要知道的是，如果将你的产品和服务推荐给他们的机构，他们的声誉如何能得到提高，如何能将客户的满意度最大化。如果你不了解咨询工作是怎么回事，那么你就很难了解咨询顾问想要从你这里了解什么信息，你也就很难为其提供合适的产品和服务。

同样，向公共部门的营销对象发布的信息也应该有所不同。这个部门的人通常对商业没有特别的了解，而且并不太关心你有多成功和赢利多少，他们所关心的事可能是你的社会责任感和你对相应社会法律、法规的遵守。如果你想给这些人留下深刻印象，你必须强调你的营销活动外围的事情。对其他类别的营销对象也是这样，对不同的对象应该形成不同的重点。

了解营销对象的正确信息是非常重要的，通常也是非常困难的，尤其是你有好几个主要信息可供选择，而这些选择从表面上看都一样重要的时候。解决这个问题最明智的选择就是去询问你的重要客户的意见，你也可以去询问和你关系较好的潜在客户的意见。这样可以了解所有不同类别的营销对象。

如果你仔细思考了谁是你的营销对象并了解他们的信息，那么你的市场营销计划就可以更好地实施了。

四、重视营销形象

营销界有这样一句话："推销产品先要推销自己。"所谓的形象，包括营销员的衣着打扮、举止和礼仪等。一个穿戴整洁、举止有礼的营销员容易赢得客户的信任和好感，而一个衣冠不整、举止粗鲁的营销员却会给客户留下糟糕的印象。

郑小姐在一家国内的公司里工作。有一回，上级派她代表公司，前往南方某城市参加一个大型的外贸商品洽谈会。为了给外商留下良好的印象，郑小姐在洽谈会上专门穿上了一件粉色的上衣和一条蓝色的裙裤。然而，正是她新置的这身服装，使不少外商对她敬而远之，甚至连跟她正面接触一下都很不情愿。

原来国外商界人士着装一向讲究男女有别，崇尚传统的商界人士一直认为：在正式场合穿裤装的女性大多是不务正业之徒，女性营销人员在正式场合以裙装为佳，各种裤装都是不宜的。

外在形象对营销人员来说是极其重要的。要想成为优秀的营销人员，首先就要塑造良好的个人形象。

第一，留好第一印象

人在相互交往时总是先看外表的，营销人员的外在形象关系到给客户留下的第一印象。作为营销人员，如果不注重仪表，那么，客户就会对你和你要营销的产品失去兴趣。美国营销大师法兰克·贝格说过："外表的魅力可以让你处处受欢迎，不修边幅的营销员在给人留下第一印象时就失去了主动。"因此，优秀的营销人员都十分注意自己的仪表，以便给客户留下最好的第一印象。

第二，装扮得体

营销行业处处以貌取人，衣着打扮品位和格调高的营销人员，往往占尽先机。然而，这并不意味着打扮得越华丽越好。对营销人员来说,最重要的是打扮适宜得体,这样才能得到客户的信任和好感。可以说，注意着装是营销人员的基本素养。

第三，面带微笑

微笑是与人交流的最好方式，也是个人礼仪的最佳体现。对于营销人员来说，这更为重要。"非笑莫开店"、"面带三分笑，生意跑不掉"，这些都告诉营销人员，以微笑迎接客户，给客户一个好心情，这样与客户洽谈业务才会容易成功。

第四，举止有礼

行为举止是一种无声的语言，是一个人性格、修养的外在体现，它会直接影响客户对营销人员的观感和评价。因此，营销人员在客户面前一定要做到举止高雅，坐、立、行都要大方得体。

第五，不忽略约会礼仪

在营销的过程中，约见客户是一个非常重要的环节。营销人员必须掌握必要的约会礼仪，才能够在与客户接触过程中，让客户产生信任和好感，这对营销能否成功起着关键性的促进作用。

第六，学会倾听

卡耐基认为："倾听是一种典型的攻心战略。"一个不懂得倾听，只是滔滔不绝地夸夸其谈的营销人员不仅无法得知客户的各种信息，还会引起客户的反感，导致营销失败。认真倾听客户讲话，是赢得客户信任的一种非常有效的办法。每一位营销人员都应学着少说多听，这是获得签单的捷径。

第七，言谈有礼

从一定意义上说，营销是说服的艺术。营销人员必须学会面对不同的销售市场和销售对象。这就对营销人员的语言提出了要求，不仅是“善谈”，更主要的是要有“礼节”，言谈的有礼与否往往决定了营销人员的业绩。

第八，签单不成礼节在

向客户营销时，大多数营销人员都能够做到彬彬有礼，但在客户没有签单，离开客户时依然保持良好的风度却不是每个营销人员都能做到的。

人们常说：“生意不成情义在”。这是一个营销人员的基本素养。即使这一次营销不成功，还是可以成为下一次成功的伏笔的。把一个良好的形象深深地印在客户的脑海里，这甚至比做成一笔买卖重要得多，因为生意是永远做不完的。

五、做好口碑营销

“口碑营销”这个词很火，随着互联网的发展，中国的网络口碑营销被提到了空前的高度。“封杀王老吉”让广大的企业主看到了论坛营销的威力，“汶川地震”让“网络民意”的力量空前高涨。

“口口相传”、“有口皆碑”一直以来都是所有品牌的追求，“好的口碑促进销售，坏的口碑丧失客户”，企业主深知“口碑”对于销售的影响力，因此尤为注重企业声誉的管理。

现在，网络已经成为信息沟通的主要途径，也成为可以自由发言的场所。原本在传统媒体一统天下时只能在人群中形成的“口碑传播”在互联网上发挥重要的作用。一次次的网络危机让企业主在网络时代谈"危"色变。网络口碑营销对于企业主来说不但意味着正面口碑的引导，更重要的是意味着网络口碑声誉的管理。这里我们探讨两个问题，即网络口碑营销是如何发挥作用的？网络口碑营销究竟该如何做？

对于网络口碑营销的作用，人们认为，这是由于互联网越来越"社会化"，也越来越"关系化"。"六度空间"理论构建了一个宏伟的互联网世界图谱——人们能认识每一个人，可以和任何一个人发生"关系"，只要选择对渠道。因为这些"关系"的存在，也因为每一个人都在互联网上可以"发声"，都可以是"媒体"，因此互联网世界成为"口碑营销"最完美的场所——人们通过"个体"制造口碑，通过"关系"传播口碑——网络口碑营销"看上去很美"。

有一种说法给被人们无限度放大的"网络口碑营销"泼了点儿冷水："80%的口碑来自于线下，11%的口碑产生于 IM 即时通信工具，只有 8% ~ 9%的口碑产生自 blog、bbs、ans 等社会化网络媒体平台。"

仔细想想，我们确实或多或少都有向朋友推荐或劝阻使用某个品牌的经历，并且大多是在日常生活的聊天中，或者是通过即时通信工具。人们更乐意与自己熟识的人去谈论一个品牌。或者说，人们会在对别人消费行为习惯有一定了解或判断的基础上，向别人推荐自己认为适合他们的品牌，而这个品牌基本上也是人们自己喜爱或者是不排斥的品牌。大部分的品牌推荐产生在熟人之间，人们很难想象自己会向一个不太认识的人去推荐品牌，除非他们是促销人员。

思考这些线下口碑的产生条件，对于做网络口碑营销其实是很有帮助的。在诸多成功的网络口碑营销案例中，人们不难发现它们其实多少都是符合线下口碑产生规律的。

"意见领袖"往往能够引起更多的关注，并成为口碑传播的中心，更便于口碑营销的推进。人们多少有一些"偶像崇拜"心理，他们有意无意地模仿偶像的言行举止。作为营销人员，应当重视"意见领袖"，用他们建立起有利于营销的网络口碑。

行业产品的口碑更多地产生自垂直社区。人们生活在不同的圈群里，而人们生活中的大部分圈群之间是割裂的——人们不太会和同事聊爱情，不会和吃喝玩乐的朋友聊工作……人们每一个关系圈因为某种共同"关系"而建立，并且依照这种"关系"去展开话题。

因此，车友们聊车，妈妈们聊宝宝，女人们聊化妆……垂直社区因为某种"关系"而建立，并且不停地创造和这种"关系"基础相关的口碑。

人们永远不会拒绝娱乐。有些笑话会一传十、十传百，因为每一个人几乎都有娱乐需求。当人们试图寻找共同话题的时候，"笑话"成为人们促进彼此关系感情的工具。

那么，网络口碑营销究竟该如何做呢？"AISAS 消费者行为模式"或许可以帮助我们梳理一些做网络口碑营销的思路。

关注（attention），高关注的话题或许可以引起消费者一定的关注。

兴趣（interesting），具备某种"关系"基础平台所产生的言论或许能精准地引起消费者某方面的兴趣。

搜索（searching），正面或者中性的资讯或者口碑或许还好，但是许多人总是把目光集中在负面口碑上。

行动（action），让消费者作出最后消费选择的不会是某些病毒视频，也不是某些不痛不痒的碎片信息，更多的是来自于他们所信服的人的影响或资讯。

分享（share），80%的网络言论由 20%的网民制造，活跃的网民数量并不多，愿意分享消费感受的人可能还不到20%。如果已经选择我们品牌的消费者恰巧是活跃的网民，那么我们该做的是与消费者的深度沟通和管理。“培养”一群真正的忠实口碑创造者，可以为品牌创造更多真实可靠的正面口碑。

我们的营销策略希望“一传十、十传百”，我们需要找到共同的“关系基础”、“语言基础”、“意识形态基础”等，制造“好”的内容，建立良好的口碑，让人们乐于传播，口口相传，使营销工作获得成功。

六、营销重在谋划

商场如战场，一个有勇无谋的人，早晚会成为其竞争对手的盘中餐。比如，可口可乐成功的30条法则，条条光明正大，那是因为它做到了现在这么大，如果它当初创业就推出30条法则，恐怕早就被敌人吃掉了，这就是谋略。

创业不仅是一个斗体力的活动，更是一个斗心力的活动。创业者的智谋在很大程度上决定其创业成败。尤其是在目前产品日益同质化，市场有限，竞争激烈的情况下，创业者不但要能够守正，更要有能力出奇。

奥普浴霸现在是国内浴室取暖产品的著名品牌。其创始人、杭州奥普电器有限公司董事长方杰在1993年将浴霸产品引入中国的时候，国人尚没有在浴室吊顶的概念。方杰想了一个办法，将浴霸定位为时尚产品，并且专门针对那些二十来岁的漂亮姑娘进行营销。方杰说：“我是国外留学回来的海归派。在国外，一个白领能在家洗澡是一种时髦的生活方式，是其家里面生活状态的一个标志。”对于海派小姑娘来说，如果东西能够将她们同周围的人区分开来，她们愿意付出很高的代价。方杰就巧妙地利用了上海人的这种“海派”心理，将奥普浴霸在上海滩一炮打响。

《福布斯》中国富豪榜上的陈金义在没有发迹前，曾经开办一个蜂蜜加工厂。建一个蜂蜜加工厂需要30万元，当时陈金义手头仅有3万元。他将这3万元存入银行，随后又利用这3万元做抵押，从银行贷出6万元；又用6万元做抵押，贷出12万元。按照这种方式，他一直到贷出办工厂所需30万元。蜂蜜加工厂办起来，陈金义的事业也逐渐走上正轨。有人说他这是空手套白狼，其实不然，他这样做是一种智慧的表现。

对创业者来说，无所谓大智慧、小智慧，能把事情做好，能赚到钱就是好智慧。北京城中的白领没有几个没有吃过丽华快餐的，北京的大街小巷，经常能看见漆着丽华快餐标志的自行车送餐队。丽华快餐是由蒋建平创立的，其发家地是江苏常州，开始不过是常州丽华新村里的一个小作坊，在蒋建平的精心打理下，它很快发展为常州第一快餐公司。几年前，当蒋建平决定进军北京时，北京的快餐业市场已接近饱和。蒋建平剑走偏锋，从承包中科院电子所的食堂做起，做职工餐兼做快餐，这样投入少而见效快；由此推而广之，好像星火燎原一般，迅速将丽华快餐打入了北京市。假如蒋建平当初进入北京，依循常规租门面，招员工，拉开架式从头做起，恐怕丽华快餐不会有今天的成功。

谋略或者说智慧，时时贯穿于创业者的每一个创业行动中。王传福做比亚迪的方法就与众不同。别人都是用整套的机器代替人力，王传福偏偏反其道而行之，他采用大量的人力代替机器，只在不得不用机器的少数几个环节才使用少量的机器。王传福知道作为一个劳动力供应的大国，中国工人的人力成本远低于购买成套机器设备的成本。使用人力代替机器，虽然使比亚迪的工厂显得不那么好看，显得不那么现代化，但却使比亚迪的生产成本一下子就降了下来，竟比主要竞争对手日本人低40%。凭借价格优势，比亚迪在世界市场横扫千军，将日本人打得稀里哗啦。王传福也在短短数年之内积累了巨量的财富，进入了《福布斯》中国富豪榜。

谋略，说白了就是一种思维的方式，一种处理问题和解决问题的方法。当杰克·韦尔奇和通用电气公司的“六个西格玛”席卷中国企业界，中国企业界许多人奉韦尔奇为神灵，奉“六个西格玛”为圭臬时，一位创业家说了话。他说：“在我的企业里，在我目前这种状况下，我只需要三个西格玛、四个西格玛就足够用了，如果一定要在我的企业里推行六个西格玛，那么我的企业必死无疑。”后来他的企业做得很不错。

对创业者来说，智慧是不分等级的，它没有好坏、高明不高明的区别，只有好用不好用、适用不适用的问题。当年谢圣明带着红桃K集团公司一帮人在农村的猪圈、厕所上大刷广告时，遭到了许多人的嘲笑。在猪圈上刷广告的谢圣明如今已经成为亿万富翁，而当年那些嘲笑他的人却是当年怎样贫穷，如今仍然那样贫穷。

营销重在谋略。作为一个智慧的创业者，你的思维不该因循守旧，而是应该在营销策略上不拘一格，出奇制胜。

七、营销进攻方略

商场如战场，表面上你好我好，暗里地你争我夺，被动防守往往常常挨打，主动出击又没有十分的把握。采取什么方式，在何时、何地进攻竞争对手呢？上述问题不仅是诸多商家的心病，也成为许多营销专家研究的课题。营销进攻的方略可从以下五个方面做起。

第一：知己知彼、百战不殆

要与竞争对手过招，知己知彼是关键，要制定进攻策略，不打无准备之战。要系统地搜集竞争对手的信息，分析竞争对手的优劣势，寻找对手的薄弱环节进行进攻。要尽可能多地获取竞争对手的信息。利用因特网、竞争对手的各种销售渠道、终端、对手举办的各种研讨会和新闻发布会、自己的社会关系网和业务网络、相关的行业协会、各种展销会等渠道，都可以搜集到有关竞争对手的全面信息。信息的分析是商战情报活动中最重要也往往是最薄弱的环节，其中包括预测在对竞争对手进行控制的过程中可能出现的机遇、困难，对竞争对手进攻过程中出现问题后的对策提前进行设计，才能为对竞争对手的进攻提供切实可行的行动方案。竞争信息系统的建立和实施要做到两个原则：实用、有效。

对竞争对手控制的市场进行细分应注意把握好四个原则问题。

1. 可衡量性原则。就是对竞争对手控制的市场上消费者对商品需求上的差异性要能明确地加以反映和说明，能清楚地界定，能够从竞争对手控制的市场中再细分出若干个小的市场，细分后的市场范围、容量、潜力等也要能定量地加以说明。

2. 可占据性原则。应掌握竞争对手控制的细分市场的规模、发展潜力、购买力等详细情况，以保证自己能够进入竞争对手控制的市场，并且有相应的能力与资源去占领其中的某个细分市场。

3. 相对优势性原则。占领竞争对手控制的细分目标市场，要能保证自身具备一定的优势并在相当的一个时期内保持经营上的稳定性，避免在进攻竞争对手控制的市场时反而给自身带来风险和损失，保证自身利益的长期性和稳定性。

4. 差异化营销。在市场竞争同质化的时代，要通过市场细分、采取差异化营销来从竞争对手控制市场里发现新的市场空隙。由于人们的需要和欲望各不相同，而且个性张扬，每一个消费者都可能构成一个独立的市场，所以突出“个性化”便成了“别出心裁”的最佳策略之一。为了更为有效地在竞争对手控制市场打击竞争对手，就要善于从竞争对手控制的市场里发现空白市场，确立自己的目标市场，通过对目标消费者、产品功能、消费人群、消费习惯、服务需求进行分类，发现竞争对手的弱点，并且集中火力进行重点攻击，从中找到机会和市场。

第二：避实就虚、攻击软肋

在与竞争对手进行交锋时，要避实以就虚，要选择对方的薄弱市场的薄弱环节进行攻击。如果选择竞争对手的强项与竞争对手发生正面的交锋，那么所需付出的代价往往比在其他市场进攻或者防守要高出几倍。因此不宜正面交锋，而是针对竞争对手的薄弱环节制定市场策略，避其锋芒，乘虚而入，在提高资源效率的同时，有力地打击对手。

为了在与对手竞争中避实就虚，有必要进行优劣势的分析和机会、危险的分析。优劣势分析主要着眼于自身的实力及其竞争对手的比较，而机会和威胁分析则将注意力放在外部环境的变化及对自身可能的影响上。

1. 分析优势与劣势。所谓竞争优势，是指自身超越竞争对手的能力，这种能力有助于实现自身的进攻目标。值得注意的是：在进攻竞争对手时，自身竞争优势并不完全体现在较高的赢利率上，因为可能还有其他的竞争因素与原因。自身必须清楚并清醒地认识自己究竟在哪一个方面比竞争对手更具有优势，因为只有这样，才可以扬长避短，以实击虚。在作优劣势分析时必须从整个价值链的每个环节上，将自身与竞争对手作详细的对比。如产品、渠道、品牌、人力、财力等资源是否具有竞争性。衡量自身是否具有竞争优势，只能站在现有客户或者潜在用户的角度上进行分析与思考。

自身的某种竞争优势是相对的，如果竞争对手进行强有力的反击策略，就会削弱自身的竞争优势。主要考虑三个关键因素，即建立这种优势要多长时间，能够获得的优势有多大，竞争对手作出有力反击需要多长时间。如果能够分析清楚了这些因素，就会明确自己与竞争对手相比所拥有的竞争的优势地位了。

2. 分析机会与威胁。竞争对手控制市场所处的环境不是孤立与静止的，而是开放和变化的，这种变化对自身产生深刻的影响。正因为如此，必须进行环境分析。环境发展趋势分为两大类：一类表示环境威胁，另一类表示环境机会，环境威胁指的是环境中一种不利的发展趋势所形成的挑战，如果不采取果断的战略行为，这种不利趋势将导致自身的地位受削弱。环境机会就是对自身发展富有吸引力的市场，在这一市场上中，自身将拥有竞争优势。

第三：快速强攻、先发制人

兵法常说：“先发制人，后发制于人”。无论是在产品的卖点、媒体资源上，还是营销的渠道、终端上，企业都要先声夺人，先发制人，才能以势压倒竞争对手。

进攻竞争对手控制市场的有效方法，一般可分为两类，即维持型创新与破坏型创新。维持型创新是指以更好性能的产品，以更好的价格吸引竞争对手控制市场的顾客，也一样能给自身带来较高的利润顾客,或者是通过品牌的宣传扩大自身品牌的知名度,加强营销、终端的建设。这种进攻策略的赢家多半是守卫者。破坏型创新则是自身做出更简单、更方便的产品，以较低的价格销售给新的或比较不具吸引力的顾客群，或者是通过比较性广告和制造一些事端直接攻击对方，搅乱对手的经营阵脚。在这种进攻策略中，进攻者往往可以打败守卫者。

一旦采用破坏性产品或者通过公关事件在竞争对手控制的市场立足后，进攻者就会开始改善产品，慢慢地向上层顾客群发展，同时会进行品牌培育。因此，先前不够好的技术与产品最终会改善，会以此满足要求较高的顾客群，建立消费者的品牌忠诚度与美誉度。通常破坏者一般是进攻者，除了在产品上可以采取破坏性策略外，还包括在传播策略、公关事件、渠道策略等上采取颠覆性的破坏策略与手段。

第四：以强攻弱、集中攻击

兵法常讲集中优势兵力，各个击破。历史上曾有过无数这种成功的战例。兵法如此，商战也如此。

进攻的成败贵在选择正确的进攻策略，无论进攻者是小品牌还是大品牌,或是发展中的品牌,也无论被攻击者是小品牌还是大品牌，或是发展中的品牌，都是如此。只要想进攻成功就一定要讲究“策略”。兵书里所说的“上兵代谋”就是此意。

在进攻竞争对手的过程中，需要集中所有的资源，致力于一点，攻其某一个薄弱环节，无疑对手的整个体系的运作效率将会大幅度地下降，甚至于崩溃。

许多品牌就是采取这样的策略切入竞争对手控制的市场。在进攻竞争对手的过程中如果把战线拉得太长，势必容易导致首尾难顾的局面，同时会将进攻方案的执行效率与效果大打折扣。

第五：抢位营销、量力而行

“量力而行”是中国一句流行的警句，用来告诫那些冒进者。作为竞争者，自身要注意进攻和防御的有机协调与协同，进攻的时机、方式的选择也很重要，特别是进攻中的防御。如果在某一个市场或者某一种产品或者说某一阶段上是进攻者，在另一个市场或者另一种产品或者说另一阶段上可能又成了防御者，有时竞争者既是进攻者又是防御者，解决好这种关系，是竞争的难点，搞不好，进攻反倒招来横祸。

《孙子兵法》的《谋攻篇》里谈到用兵的原则：“十则围之，五则攻之，倍则分之。”拥有十倍于敌的兵力就包围他们并一举歼灭，拥有五倍于敌的兵力就进攻他们，拥有两倍于敌的兵力就分离他们。作战讲究量力而行的原则，营销竞争也是一样的道理。之所要以量力而行，就是让优势最终转化为胜势。

进攻竞争对手的过程就像足球的抢位，我们也可以叫它是抢位营销，这就是自由竞争下的新的营销方式——抢位营销。相对于占位，定位只强调内修的静态营销方式，抢位营销是更强调对抗、更加外向的动态营销。竞争者只有“内修”才能根基扎实，只有“外抢”才不会闭关锁国，才能发展得更快。只发展自己而不影响别人，在实际中是不可能实现的。因为资源是有限的，在分配不可能平均的情况下，只是占好自己的位是远远不够的，只有顺时就势，抢占先机。

抢位营销抢的是关键点，是对营销各因素中关键处的抢夺、抢占。特别是在进攻竞争对手过程中，关键点的争夺显得尤为重要，变得更加激烈。

一是抢标准。如果你占据品类标准制定者地位，那么你就拥有了在整个行业的话语权，既可以在行业内一统江湖，也可在消费者中以行业代言人的身份出现，赢得信赖。

二是抢渠道。现代商战中营销渠道和终端的争夺更加激烈，拥有营销渠道与终端就拥有财富的通道。

三是抢消费者。消费者是产品的最终购买者，谁拥有消费者谁就拥有财富。

四是抢概念。概念是征服消费者心智的利器，在竞争白热化的年代，谁先喊出来新的概念，这个概念就归谁拥有。

五是抢资源。竞争者所要争抢的资源包括产业链资源、研发资源、技术资源、产品资源、人力资源、媒体资源、政府资源，等等。

总之，营销进攻方略就像打仗，既有成功，也会有失败，关键就在于竞争者采取怎样的进攻策略，竞争要善于借势、造势，在进攻之前必须有足够的防范和备用资源，必须学会在进攻中的防守。经营成也罢，败也罢，都不可怕，可怕的是经营者不总结经验教训。经营者要在游泳中学会游泳，在战争中学会战争。

八、做足营销工夫

营销就是花 80%的时间研究别人需要什么，花 20%的时间卖别人需要的东西。营销人员首要任务是销售，如果没有销售，产品就不为人知，企业也没有希望。沟通是成功销售的唯一桥梁，销售人员要与客户和企业保持最有效的沟通。另外别忘记市场信息反馈，只有建议企业生产出适销对路、性价比合适的产品，才会有回头客，市场开拓和维护才有意义，否则就成了无本之木、无鱼之水。

营销工作包括把产品卖出去，把真实的市场信息反馈给企业，再把企业根据这些信息生产出的产品卖出去，包括这样一个周而复始的循环。因此应该做足如下几方面工夫。

第一，有自信

所谓自信，就是自己相信自己一定行，在遇到困难时要相信自己能克服困难，暗自想象自己是最棒的，自己一定能做到。在卖货时暗示自己，自己的产品是性价比最好的，自己的企业是行业内唯一的大牌企业，自己的团队是最团结协调的，自己的董事长是最有远见的，自己的售后服务团队时刻关注着自己的成长，这么好的事情错过了是客户的损失。

在推销产品之前要把自己推销出去，要对自己有信心，只有把自己推销给客户了,才能把你的产品推销给客户。时刻记住人心本善，自己的阳光会普照到客户身上，如果自己的心理阴暗，就会让客户提防。要做一个正直阳光，开朗向上的人。

第二，真诚地关心他人

做生意就是做人，也就是交朋友。这里有交短期的朋友和长期的朋友之别。我们的生意不是卖大型机器那样卖一次用 10 年，我们的生意是靠回头客来维护我们的业绩的，这就要求我们要学会交长期的朋友。如何能交到长期的朋友呢？主要是真诚相待，在一定的尺度范围内让利于对方，将心比心，换位思考，吃小亏而赢大利，要目光长远。

关心他人，首先要重视对方，要心里有对方，另外要让关心的效果显著，甚至带上浪漫色彩。那就先需要留心，要经常沟通。机会是留给有准备的人，要做好准备，比如，要把客户分类记录，按不同的思路和方式去回访他们，每打一个电话和接一个电话要先调整好心态，而且把每次拜访客户看成是提高认知的机会。

第三，坚持下去

现在的社会竞争激烈，做任何事情都不容易很快见成效，营销工作也不例外。当我们遇到困难时，要像挖井那样想象下一铲子就挖到水了，要勇敢地挖下去，除非自己决定改行或跳槽。在商海中拼搏，明知前途有艰险如要向前闯，不怕碰壁，永不言败，遇到挫折就以变治变，关键是要败后分析，总结后再战。

如果你定好了自己的方向，也就是你的事业计划，在执行过程中难免会遇到困难，这个时候你只能改变路线，而不能改变目标，你要做的只是如何让下一场竞争胜利，而不是轻言放弃。

第四，要有执行力

领导者也是人，他们不可能任何地方比你强，但他们之所以会成为你的领导，自有他们过人之处。只有执行领导者的指令，才能让局部利益服从整体利益，才能得到领导者的认可，从而得到领导者更多的支持。领导者的命令可能不是最好的，但一定不会太差，通常他们可以保证前进的方向，而不至于走退步路。这里就要求我们在原则问题上坚决执行领导者的指令，可以在非原则问题上发挥自己的个性和长处。

第五，定位要准确

要对自己的产品作出明确的定位，随时知道自己什么产品在什么情况下是进入市场的良机或推广扩大的良机。要从细分市场、细分产品和细分客户的角度，最大限度地让你和你的产品得到客户的认同。注意，不是每个客户都是喜欢便宜的东西，关键是要了解客户的性格以及客户买你产品的用途。

第六，要有团队精神

要取得好的营销业绩，需要各部门的协助，需要各区域的协调，需要直接领导的支持，需要决策者的运筹帷幄，还需要各级主管部门开绿灯，这一切需要良好的合作精神和合作能力。

第七，学无止境

百人百样，我们接触的人是多样性的，为了得到不同人的支持，我们就需要具备更丰富的知识去了解他人，适用他人，得到他人的认可，这一切都来源于学习。

第八，换位思考

常想想假如自己是客户，自己会怎么回答或看待自己的说法，如果自己也说服不了自己，如何去说服别人？要不断反思一个问题：客户到底需要什么？

第九，良好的心态

做营销业务，在原则范围以外是要让客户高兴，所以要善于和肯于吃亏，不要计较吃了多少亏。做生意接触很多人，近到老婆的责怪、内勤的错误、领导的指责，远到外面无故的诱惑、无理的指责，以及长时间的寂寞，这些都需要良好的心态去调节。只有心态正常了，才有可能进一步发挥自己的能力，做好下一笔业务。遇到客户的无理指责，千万别以为自己犯了什么大错，其实客户也是人，他们或许是遇到别的不顺心的事，正好拿你发泄，或是为了打压你的心态，以便还价或达到别的什么目的。你要做的就是非原则问题不过分反驳，最多点到为止，以听为主。事后他们会明白自己做得过分而产生歉意，这便有利于你下一步达成你的目的。

第十，掌握技巧

一是肯定对方法。通过肯定对方达到自己被认同的目的，通过赞美对方，从而进一步推出你的产品。不可否定别人。因为肯定是肯定对方对的，而否定是否定对方错误的。为什么不先肯定对方对的，再在有必要的时候说出自己否定的观点呢？

二是例证法。举出实例来证明自己产品的优越性，以达到得到客户的认同，从而卖出产品的目的。

三是自主引导法。事先对客户进行调查，了解他们的特性，并设置好思路，引导他们对我们的产品感兴趣，从而达成销售产品的目的。

四是有的放矢法。认真观察、分析出客户的性格及弱点，而针对其性格及弱点进攻，以达到事半功倍的效果。

五是暗示引导法。以闲聊的形式好像不经意地聊到某个客户的成功原因或产品的优点、特性，为销售产品出一臂之力。

六是博得同情法。此方法尤其适合新的营销人员，通常是为了博得大客户的同情感动，用辛勤的劳动和关心体贴以及友情、亲情来打动对方，实现产品销售。

总之，营销技巧就是把产品或服务卖出去。营销的方法有很多，在于人们去总结。其实，无论使用什么方法都要做个有心人，机会永远属于有准备的人！

九、提升营销业绩

为什么有些人已经具备了成功营销的条件却还没有业绩？为什么说培训经费越多，在营销上花的力量就越少？以下这些行之有效的方法可以帮助营销人员提升营销业绩。

第一，绝对相信你的产品

不要忘记自己是一个销售人员，没有无缺陷的产品，存在就是合理，产品缺乏创意和卖点，那是市场部要考虑的问题！销售工作的本质可以简单地理解为要把已经生产出的“产品”变现为“商品”。因此要时常告诫销售人员：当你每天离开公司的那一刻起，你什么都不要想，不要惧怕自己的产品具有的缺陷，只要记住一点，就是今天一定要把手中的产品销售出去！

第二，客户不都是上帝

很多时候，销售人员受到这样的教育：客户是上帝，是衣食父母。许多销售人员甚至“愚忠”地坚持：第一条，客户永远是对的；第二条，当客户错的时候，请参照第一条原则“伺候”。这些实际上都没有错，但是我们不要忘记客户是有类别之分，有价值有无与大小之分，不要把我们宝贵的时间和精力浪费到无价值的客户身上，要记住：客户不都是上帝，不要害怕客户的正常流逝与淘汰。

第三，压力是成长的催化剂

如果你在销售过程中没有感受到来自业绩和精神上的双重压力，那只可能有两种情况，一是你已经是“死猪不怕开水烫”了，是好是坏都一样。二是制定业绩目标缺乏高标准。不要奢望公司给你的目标是你轻易就能够够到的，因为老板永远都是不满足的。销售工作中压力时刻相伴，只有坦然面对，做到兵来将挡，水来土掩。压力使人成熟。借俗语做一个比喻：高压锅焖饭——早熟！压力是成长的催化剂。

第四，思路时刻保持清晰

一场原本很棘手的客户投诉，并没有因为客户慷慨激动的陈述而搅乱自己的思路，最终使问题得到顺利解决。销售工作经常要遇到很多问题，而且大部分时间都是每一个销售人员独立思考，因此是否时刻保持清晰的思路将决定销售人员行动的成败！

第五，价值是由企业性质决定的

一个企业需要的是一个能给企业创造实际价值的销售人员，你过去的资历不代表你今天就能创造多少价值。每一个企业都有一个生态系统，你在入职的时候一定要明确你未来的工作性质。如果你进入的公司是一个系统很健全的企业，那么你未来可能更多的是按照既有的程序去做一个“执行工具”；如果你进入的公司是一个系统尚未健全的企业，那么你未来可能更多的是去做“设计系统的人”。

第六，忠诚职业更重要

我们每一天都在忙碌不停，我们肩负着企业市场拓展的重担。我们是一个相对的矛盾体，我们要时刻小心谨慎地去平衡公司、客户、个人三者的利益。很多时候我们为无法真正能平衡好这三者的利益而陷入苦恼。我们在进入销售这一行业的时候就要逐步树立起正确的职业观，忠诚职业操守。只有忠诚我们的职业才能谈得上忠诚企业、客户，也才能保证我们应得利益的实现。

第七，不要忘记业绩是护身符

如今百分之九十的企业执行的都是“结果导向”的管理法则，只是大家不愿意承认而已。有些企业标榜自己更重视过程，实际上这两者并不矛盾，因为重视过程还是为了要有一个良好的结果。作为销售人员一定要记住：业绩是自己最根本的护身符！在企业中如果没有良好的业绩做基础，那么谈什么都有些“底气”不足。因此大家不要再犹豫，赶快行动起来，干出一番业绩来。

第八，尊重你的每一个领导

很多业绩优良的销售人员有时候常犯一个“骄傲”的毛病，看不起自己的领导，实际上这是一种不成熟的表现。立志做职业化的销售人员一定要尊重你的每一位领导，要思考人家为什么可以做你的领导，为什么自己不能做领导？千万不要怀疑自己领导的能力！能当上领导的一定是有一些长处和资历的人，在很多方面都是你学习的榜样。你应该本着谦虚谨慎的学习态度去听其教导，从内心真正去尊重他！

总之，只要一个营销人员遵照上述方法去做，那么他的营销业绩就一定会大大提升，从而彻底改变他的生活。

第七章　理性投资理财

投资理财不仅要准、要敢，尤其需要理性。对于投资者来说，投资渠道和方式的增多意味着选择余地更多，但这并不意味着能够多赚钱。投资者选择哪种投资渠道还需要与自身的情况相结合，选择最适合自己的投资方式。除此之外，投资者还要有良好的投资理财心态，这样才能从更深刻的意义上实现理财的目标。

一、制订详细财务规划

个人财务规划一般包括投资规划、居住规划、教育投资规划、个人风险管理和保险规划、个人税务筹划、退休计划、遗产规划等内容。

第一，投资规划

这里的“投资规划”主要是指金融投资，而不是针对个人或家庭的自有资产（比如房子和汽车）的投资。它在个人或家庭总资产比例中所占的比例在自用资产投资结束（家庭购买了自用住宅和汽车并逐渐还清贷款）以后会逐步提高。

为了分散风险，金融工具一般都要构建投资组合，而投资组合的构建依赖不同的投资工具，这些投资工具根据其期限长短、风险收益的特征与功能的不同，可以分为：货币市场工具、固定收益的资本市场工具、权益证券工具、金融衍生工具等。

对于投资者来说，单一品种的投资产品很难满足其流动性、收益性、安全性等方面的特定要求，而且一般投资者也不具备专业的知识的信息优势。因此，投资规划要求投资者通过及时有效地和自己的财务规划师沟通和交流，充分了解自己的风险偏好和回报率需求，然后通过合理的资产分配，使投资组合既能满足流动性的要求与风险承受能力，同时又能获得充足的回报。

第二，现金消费规划

预留现金主要是为了满足日常开支，预防突发事件和投机性需要。在日常家庭生活中,应通过现金规划,用手头现金满足短期需求,预期的现金支出则通过各种储蓄、短期投资工具来满足。

赚钱，最根本的目的是为了消费。每天、每周或每月都有必需的生活基本消费：饮食、服饰、房租水电、交通、通信、赡养、纳税、维修等。钱多了，又会出现奢侈消费：培训费、休闲、保健、旅游、买车、结婚等。要对此应付自如，只有为整个家庭的开支设立一些大的原则，以保证最基本的需求得到满足。

第三，居住规划

"衣、食、住、行"是人生最基本的四大要素，其中"住"又是四大需要中期间最长、所需资金数额最大的一项。在个人财务规划中,"住"相对应是居住规划。大部分消费者购买住宅都是为了自住，而事实上，住宅或房地产投资也可作为一项长期的高价值投资，不仅可以用于个人消费，还有显著的投资价值。因此，国内消费者购买住宅主要是自己居住，有的人则是对外出租获取租金收益及投机，获取资本利润。

针对自用住宅的规划，主要包括租房、购房、换房与规划几个方面。规划是否合理会直接影响个人或家庭资产负债与现金流量的状况。居住规划首要决策是以租房还是以购房来满足居住的需求。如决定要购房，就要以当前的资产实力与收入水平为基础来衡量可以承受的最高房款额,从而计算出首付款和房贷,然后根据经济能力、计划购房的地点、房屋面积和区位，选择合适的房产项目。

第四，教育投资规划

教育投资是一种人力资本投资，包括子女教育计划和个人后续教育计划。随着人们教育需求的逐渐增长，教育在家庭开支中所占比重越来越大。家庭需要及早对教育费用进行规划，确保将来有能力合理地支付自身及子女的教育费用，充分达到个人（家庭）的教育期望。对子女的教育准备应尽早规划,可以选择教育理财工具很多,如储蓄、债券、基金等,但应以稳健为主。个人后续教育是对自己投资。资金来源主要靠工作以后积累，要开源节流，必要时只能先向父母亲友借钱，以期未来获得丰厚的回报。

个人财务规划师在帮助客户进行客户教育规划投资时，要注意以下三个方面。

首先，要对客户的教育需求和子女的基本情况（例如子女人数、各个子女的年龄、预期受教育程度等）进行了解和分析，以确定客户当前和未来的教育投资资金需求。

其次，要分析客户当前的和未来预期的收入状况，并根据我国的具体情况确定客户和子女教育投资资金的主要来源（如教育资助、奖学金、助学贷款等）。

最后，应当分析客户教育投资资金供给与需求之间的差距，并在此基础上通过运用各种常用的投资工具和教育投资特有的投资工具来弥补客户教育投资资金供给与需求之间的差额。

由于教育投资本身的特殊性，它更注重投资的安全性，因此，在具体选择投资工具时要侧重于选择保值的工具。

第五，个人风险管理及保险规划

人的一生，风险无处不在，应通过风险管理与保险规划将意外事件带来的损失降到最低，更好地规避风险，保障生活。根据风险损害对象的不同，这些风险可以分为人身风险、财产风险、责任保险等。为了规避、管理这些风险，人们可以通过购买保险来满足自身的安全需要。

随着保险市场部竞争的加剧，保险产品除了具有基本的转移风险、减小损失的功能之外,还具有融资、投资功能。在个人财务规划中，经常使用的商业保险产品包括人寿保险、意外伤害保险、健康保险、财产保险、责任保险等。

个人风险管理和保险规划的目的在于通过对客户经济状况和保险需求的深入分析，帮助客户选择合适的保险产品并确定合理的期限和金额。

第六，个人税务筹划

依法纳税是每个公民应尽的义务，而纳税人出于对自身利益的考虑，往往希望将自己的税负合理地减到最小。因此，如何在合法的前提下尽量减少税负就成为每一个纳税人十分关注的问题。

个人税务筹划是指在纳税行为发生之前，在不违反法律、法规的前提下，通过对纳税主体（法人或自然人）的经营活动或投资行为等涉税事项作出事先安排，以达到少缴税和递延纳税目标的一系列筹划活动。

我国目前的税法结构相对简单，可以利用的个人税务筹划策略主要有：充分利用税收优惠政策（包括最大化税收减免、选择合适的扣除时机、选择最小化税率），递延纳税时间（包括合理选择递延收入的实现时间、加速累积费用的扣除），缩小计税依据（包括最小化不可抵扣的费用、支出、扩大税前可扣除范围）和利用避税降低税负等。

第七，退休规划

在过去高利率的时代，退休者只要准备较低的退休金就能依赖充裕的利息收入作为日常支出。但随着利率持续走低，每个人所需要的退休准备金也大幅度提高。

举例来说，在年利率8%的情况下，退休族只要拥有约100万元的存款，每年就能赚取8万元的利息，相当于每月6600多元的收入，这个数字应该足够维持还算不错的退休生活了。可是，在利率2%的情况下，要维持相同的收入水准，却需要准备高达400万元才行！虽然没有人能预测二三十年后的利率水准（说不定比现在还低），但每个人都应该为最坏的情况做好准备。

我们知道过去的投资工具较少，虽然短期的报酬率有涨有跌，但长期仍可维持相当稳定的报酬率，例如房地产、股票和基金，研究显示，长期投资的人大多能获得可观的报酬。然而，今天的投资工具日趋多样化，报酬率也更难掌握，选择了错误的投资工具，很可能会大大地影响资产累积的速度，进而威胁退休后的财务安全。因此，每个人都应该从现在开始，根据新的市场情势，谨慎地做好退休的财务规划。

第八，遗产规划

遗产规划是将个人财产从一代转移到另一代，从而尽可能实现个人为其家庭（也可能是他人）所确定的目标而进行的一项合理安排。

对于个人财务规划师而言，遗产规划的主要目的是帮助客户高效率地管理遗产，并将遗产顺利地转移到受益人的手中。这里的高效率包括两个方面：一方面，遗产安排要花费一定的时间，个人财务规划师要帮助客户在最短的时间内完成遗产规划；另一方面，处理遗产需要一笔费用而且可能会有遗产税（中国关于遗产税的立法目前正在讨论中），个人财务规划师有责任帮助客户最大化地减少遗产处理过程中的各种税费。

二、投资理财组合方式

债券、银行定期存款、信用卡、股票投资、保险理财等，哪些产品和货币、债券或股票基金搭配最为合适？在搭配的时候应该注意哪些要点？投资理财专家为投资者精选四种优秀的组合搭配方式，并一一解读。

第一，货币基金 + 银行信用卡

这种理财方法利用消费者在信用卡透支购物时，消费者可以获得一定时间的免息期，通常为 20 天到 60 天。由于信用卡暂时还没有收取年费，或者是每年只需刷卡消费几次就可以免收年费，所以消费者可以在免息期内无偿使用这些透支信用额，而透支部分可以用来进行投资。理财专家建议把这部分钱投资在低风险货币基金或短债基金上。由于货币基金没有申购、赎回费用，赎回也十分方便，一般只要提前两到三天预约就可以赎回，万一出现信用卡还款压力增大，投资者也可以及时收回投资归还银行。

这种理财方式的收益也不错，以家庭每月使用信用卡透支 3000 元，平均免息期 40 天计算，假设货币基金或短债基金年收益率为 2.5%，计算出投资者每年可以用“借银行的钱”获得收益 100 元。

银行信用卡是鼓励消费的，使用这种理财方式的消费者要很好地控制消费欲望，否则，不但得不到收益，还要交给银行大量的罚息，到头来得不偿失。

第二，货币基金 + 股票投资

这种理财组合是一种经典的保本资产和风险资产组合。低风险的货币基金或短债基金已经成为投资者投资保本资产的首选。理财专家认为，在保守型资产配置中，理财市场著名的“二八原则”可以十分合适地应用在股票投资和货币基金组合理财中，把两成资产投资在股票，八成资产投资在货币基金或短债。万一股票出现投资损失，也可以用低风险基金的稳定收益来弥补。投资者可以模仿现在保本基金的操作方式来合理分配股票和货币基金之间的比例。保本基金根据对股市的判断设定一个投资放大倍数，用来确定投资在股票市场的比例。

第三，股票基金+记账式国债

这种理财组合是风险承受能力略高的常见股票基金投资组合。精心选择优秀的股票型基金再加上记账式国债投资，既可以规避部分股票型基金投资带来的风险，又可以在流动性上更加灵活。

理财专家建议，与股票型基金投资策略不同，基金之间投资收益和风险也有很大的差别，投资者的重点应该放在挑选基金公司和具体基金上。选择记账式国债和股票型基金搭配，主要是考虑到记账式国债流动性好，交易途径多，交易成本也相对较低。万一资金紧缺，投资者可以先从记账式国债中套取资金，最后再选择从股票型基金赎回。

第四，债券基金+股票投资

这种理财组合是一种综合考虑收益的中等风险投资组合。理财专家建议，投资者可以在选择债券基金的同时投资部分股票，两种资产组合有天然的收益与风险平衡优势，债券基金主要投资在长期国债、企业债、金融债和可转债四个方面，四种资产受不同行情的影响，组合起来具有良好的稳定性。此外，债券基金的管理费率和申购赎回费率也较低，基金的流动性良好。

关于两种资产的投资比例，基金理财专家表示，主要看投资者的风险承受能力，如果投资者不愿承担太大的风险，只求较为稳定的收益，那就可以简单地按照“二八原则”，即债券型基金占八成，股票投资占两成。如果投资者风险偏好水平较高，短期或中长期看好股市，那就可以多投资一些资金在股市上。

三、理财是选择的艺术

在开始理财前，你一定要先考虑清楚自己理财的目的是什么？是为了买得起房、买得起车，还是为了在自己年老以后有一笔可观的养老金。在理财的过程中，你又会面临一系列的选择，是买股票、基金，还是买保险；是开源，还是节流。这些与金钱有关的选择，不时地考验着你。因此理财就像是一门选择的艺术。

比如，刘某几年前结婚时，由于房价高，没有买新房，结婚后就与老人住在一起。这几年他积攒了一点儿钱，本打算用这笔钱付个首付款，买套属于自己的新房，但看着投资市场一天天好起来，他开始犹豫了，究竟是把这些钱投入投资市场，产生更多的“金子”呢，还是当做首付款改善住房条件。对于不同的理财目标，需要他去权衡考虑，作出合理选择。

我们的父辈们提倡节俭，习惯于量入为出，而现代社会提倡提前消费，于是，工作几年的年轻人买房、买车，尽享快乐，然而供房、供车开支不少、压力不小。如果事先考虑到这些，或许年轻人会在提前消费的快乐和还贷压力的痛苦间重新权衡或选择一下。

由此可见，理财中关于今天的消费与明天的积累之间的处理，也需要人们认真地选择。

当然，由于每个人的生活背景和家庭条件各不相同，在选择适合自己理财方式的时候，要把自身的因素考虑进去。

比如，你的职业要求你经常奔波来往于各地，甚至有时十天半月都难以静心地看一回报纸或电视，显然，你选择涉足股市是不恰当的，你所从事的职业必然会影响你的投资组合。而对于一个从事高空作业等高风险性作业的人而言，将其收入的一部分购买保险，自然是一个明智的选择。

再如，同样是将收藏作为家庭理财的主要方式，如果资金量较少而选择收藏古玩，那无疑会困难重重。相反，如果以较少的资金选择投资不大、但升值潜力可观的邮票、纪念币等，也许可以做到潇洒生财，不至于因收藏而影响当前的生活。

还有，年轻人未来的路还很长，即使失败了还有许多机会再重来，而老年人由于受身体条件的限制，相对而言，其承受风险的能力要小些。因此，年轻人就可以选择风险较大、收益也较高的投资理财组合，而老年人一般却以安全性较大、收益相对稳定的投资理财组合为佳。

此外，如果你是属于冒险型的，有足够的心理承受能力去承受股市涨落所带来的忽喜忽忧情绪，那么你就可以将你的一部分资金投资于股票。相反，如果你认为自己属于稳健型的，那么储蓄、国债、保险以及收藏也许是你的最佳选择。

总之，生财之道，人各有之。把理财看成是一种选择的艺术，根据你的实际，选择适合你的理财方式，相信成功终将会属于你的。

四、选择短期理财方式

通知存款、货币基金以及短期银行理财产品已经被越来越多的人所熟知，但是很多人并不熟悉这三种理财方式各自的特点。

通知存款分为 1 天和 7 天两种。顾名思义，1 天通知存款存入银行之后，如果要进行取款需要提前一天通知银行；7 天通知存款则需要提前 7 天通知。这类存款对资金使用期限不太确定的储户是不错的选择。需要储户注意的是，7 天通知存款提前通知的时间比较长，如果想要获得全部的利息，则需要对资金的使用有提前的规划。如果用资金时不能按时通知银行，取款时可能会遭遇利息的损失。

通知存款的利率高于活期存款的利率。由于银行利率浮动，储蓄应予以关注，选择合适的存款方式。在家庭理财规划中，保有一定的流动资金是非常必要的，而将部分资金以通知存款的方式持有将会提高理财的效率。通过长期的积累，储户将会获得更满意的理财效果。

货币基金是聚集社会闲散资金，由基金管理人运作、基金托管人保管资金的一种开放式基金，是专门投向无风险的货币市场工具，区别于其他类型的开放式基金，具有高安全性、高流动性、稳定收益性，具有“准储蓄”的特征。该基金资产主要投资于短期货币工具（一般期限在一年以内，平均期限 120 天），如国债、央行票据、商业票据、银行定期存单、政府短期债券、企业债券（信用等级较高）、同业存款等短期有价证券。

一般认为，货币基金适合一些期限稍长（一般长于 1 周）但又够不上三个月的短期资金。因货币基金的收益率较高，所以专家建议人们在日常理财中应该注意短期资金的充分运用。

超短期银行理财产品也是不错的理财方式。随着大众对资金要求的提高，很多银行专门针对这些短期资金推出了一些超短期理财产品。比如，有的银行就推出了“周末”理财产品，还有每周、每两周、每三周以及一个月滚动发行的银行理财产品供投资者选择。一般而言，这类理财产品的收益也会高于同期限的银行存款利息。

理财师提醒投资者，银行发行的理财产品有期限的一般比较固定，一般不能提前赎回，因此有期限的短期理财产品对投资者的资金规划要求要高一些。另外，还有一些银行推出了开放式的理财产品，其运作模式与货币基金类似，也可以作为货币基金的替代。

综上所述，大家在日常理财中应该多关注一些小的细节，充分利用市场上丰富的短期理财方式来获取更好的收益。

五、理财之前要看风险

投资市场是没有硝烟的战场，以破釜沉舟的心态，不顾风险地求取一夜暴富，往往以惨败收场居多。有的人为了博取高收益，不顾一切地全仓杀入，甚至不惜抵押房产、汽车来加大投入，这不是投资理财，实与赌博无异。无视风险，轻率地投资，看似有破釜沉舟的豪气，其实不过是一种侥幸的匹夫之勇。

投资理财是一项与时间赛跑的长期事业，一时胜负算不了什么，投资者需要的不是一战定天下，而是持续稳健的长期回报。作为一名投资者，首要的前提便是先考虑清楚风险，再作决定。比如，在做基金、股票等投资理财项目时，由于个人考虑的出发点不同，一些投资者会根据风险偏好来操作，另一些投资者则会根据风险承受能力来决定投资与否，从而导致了收益的差异。

风险偏好与风险承受能力，两者究竟哪个更适合作为投资理财的判断依据呢？风险偏好指的是对风险的好恶心态，也就是喜好风险还是厌恶风险。不同的投资者对风险的态度是存在差异的，如果倾向于认为不确定性会给自己带来机会的话，那就属于风险偏爱型的投资者；如果倾向于认为不确定性会给自己带来不安，那就属于风险厌恶型的投资者。

风险承受能力则是指一个人有足够的能力来承担风险，也就是遭受多大的投资损失而不至于影响正常生活。风险承受能力要综合衡量，与个人能力、资产状况、家庭情况、工作情况等都有关系。比如，拥有同样资产的两个人，一个是“光杆司令”，另一个却有儿女与父母要养，两者的风险承受能力就会相差很多。

风险偏好是人们的主观考虑，这只是一个简单的个人喜好，对理性投资是不可取的。不同的人由于家庭财力、学识、投资时机、个人投资取向等因素的不同，其投资风险承受能力不同。一个人在不同的时期、不同的年龄阶段及其他因素发生变化的情况下，他表现出对投资风险承受能力的不同。因此，风险承受能力才是个人理财规划中一个非常重要的依据。

投资者愿意承受更多的风险，只能说明是一个风险偏爱者，但这绝不等同于投资者具有较高的风险承受能力。如果一个投资者在高收益的诱惑之下，根本不考虑自己的风险承受能力，投资一些完全不符合自身收益风险特征的理财产品，那么失败的后果不难想象。

所以，投资理财切忌孤注一掷，冷静对待自己的风险偏好，下工夫认识清楚自己的风险承受能力，并据此选择与自己相匹配的理财产品，那么不用冒太大的风险也能取得理想的收益。

六、不同阶段的理财目标

确定理财目标可以从两方面来考虑，一个是家庭的生命周期，再一个是家庭的实际经济状况。通常我们将家庭的生命周期分为：单身期、家庭形成期、家庭成长期和家庭成熟期。

第一，单身期

这一时期虽然经济能力有限，相对来说家庭负担也小，所以承担风险的能力较强，这段时期的重点是培养未来的获得财富的能力。一方面可以尝试风险较高的创业投资，另一方面需要增加提高自身素质的投资，如接受相关的职业教育等。

第二，家庭形成时期

这一时期是家庭的主要消费期。虽然家庭经济收入有所增长，但消费和家庭负担都会相应增加。此时，人们还需要考虑两项较大的开支项目，结婚抚养小孩的费用，当然可能还有更大的一笔费用——买房。在这些事情当中选择好生育小孩的时间是很重要的，一般在怀孕和抚养初期家庭收入都会受到一定的影响，而且也涉及大笔的支出，必须要有充分的经济上的准备。

单身期和家庭形成期，处于创业时期，面临的人身风险较大，寿险和意外险是必不可少的。由于这些时期收入有限，不能严格按10% ~ 15% 来投保。经济能力强的可以选择终身寿险，经济能力较弱的可以选择定期寿险。此时的保险主要预防自己出现不测，而让自己最亲的父母或其他亲属陷入生活困境，所以可以根据这些人的生活需求来确定保险金额。最后再来考虑健康保险等，选择定期或终身也需要根据自己的经济状况来决定。

第三，家庭成长时期

在这一阶段里，家庭成员不再增加，家庭成员的年龄都在增长，家庭的最大开支是保健医疗费、学前教育、智力开发费用。此时，家庭收入水平已经可以达到一定程度，同时也需要面临更大的家庭负担，小孩教育和赡养老人。目前国家虽然开始实行义务教育，但幼儿教育、高等教育费用是逐年增长的，加上小孩受教育期间的相关生活费用，这不是一笔小的费用，不过好在这些费用持续时间较长，只要合理规划不会出现太大的问题。

家庭前三个时期往往在很长的时间都将面对房贷开支，所以在确立买房目标时，除了考虑房款，还有相关的律师费和装修费用，根据未来收入预期可以判断将来房贷负担的轻重，最好不要超过收入的50%。同理，在买车上，很多客户也忽视后期养车费用对家庭财务造成的影响。

第四，家庭成熟期

人到中年，要重点考虑自己的养老问题。这一阶段，自身的工作能力、工作经验、经济状况都达到高峰状态，子女已完全自立，债务已逐渐减轻，理财的重点是扩大投资，积累丰富的退休金，安度晚年。

成长期和成熟期都是家庭责任最重的时期，此时需要在原来人寿保险的基础上调高保险金额，以与自己承担的家庭责任相适应。同时,这个阶段的人由于逐渐步入中年,应该提高对健康问题的关注，重大疾病保险和医疗保险都不能少。根据现在的医疗条件，重大疾病保险要达到10万元以上才能起到一定的保障作用。最后就是养老的问题，由于养老金关系到以后几十年的生活问题，所以安全性尤为重要，专家建议选择非投资类险种为宜，而分红保险可以起到一定的预防通货膨胀的作用，可以重点关注。

七、工薪族的理财生活

随着经济的快速发展和人民生活水平的不断提高，投资理财已逐步成为决定和影响人们生活的重要方面，出现了许多指导工薪族投资的文章，报刊、宣传媒体都以各自特有的方式方法向人们介绍、推荐各种投资理财的思路、模式。投资理财好的办法、新的方式方法层出不穷。工薪族意识到，学会理财才能让生活更轻松。

一场金融危机的袭来，许多银行为了能保存实力纷纷下调利息。

中国人民银行决定从 2008 年 12 月 23 日开始下调一年期人民币存贷款基准利率各 0.27 个百分点，其他期限档次存贷款基准利率作相应调整。与此同时，中央银行再贷款、再贴现利率也相继作出相应下调。从 2008 年 12 月 25 日起，金融机构的人民币存款准备金率下调了 0.5 个百分点。

受金融危机所累，央行多次降息，中国正式进入降息通道的低利率时代，投资市场也随之发生着变化。工薪族面对降息该如何理财呢？专家们为工薪族们提供了参考意见。

第一，现金至关重要

在无法预料经济前景的情况下，人们应该更注重现金。对于以往只是以储蓄为主要理财手段的工薪族来说，降息并不会带来多大的影响，完全可以继续以此理财。就算有其他的理财方法，也应当以短期投资为主，一般 3 ~ 6 个月为一个周期，保证资金的流动性为佳。值得注意的是，即使在通货膨胀、银行存款利率低的情况下，个人持有现金所遭受的损失也会比银行存款的损失大得多。

第二，把投资目光放在固定收益类产品上

债券方面的投资主要有国债、债券类理财产品和债券基金三种，而国债则是首选。投资国债方便快捷，投资风险低。无论是对于保守型的工薪族还是有一定风险承受能力的工薪族，国债都可以作为资产配置的一个品种进行购买，这样更有利于降低整体投资的风险水平。在银行降息状态下，收益率也有所减少，但与同期存款收益相比优势仍然存在，而投资国债更是可以提前锁定较高的收益。

第三，通过购买黄金抵御可能出现的风险

在全球金融海啸以及央行处于降息周期的大背景下，工薪族拿出一部分钱购买黄金为投资避险保值增值，被不少人看好。尤其是保守型的人，不妨选择适合自己的黄金投资方式，购入一些黄金，作为保值手段。面对无法预测的金融危机，黄金的保值作用就越发凸显了。比如，巴菲特旗下的基金资产配置比例中，黄金占了15%～20%。黄金的保值是看长期的，不是看短期的起起伏伏。低位购入，长期持有，在起到保值作用的同时，对将来也是一种投资。

在人们无法独自规划应对金融危机的理财方法时，专家意见对于辛苦打拼的工薪族而言，无疑具有一定的参考意义与借鉴价值。

八、白领理财重在坚持

白领阶层在很长一段时间里都是一个令人称羡的职业，他们工作轻松，无须风吹日晒就能轻轻松松地赚得不菲的薪酬。然而他们却往往每月领了工资，交了房租水电费，充了电话费，买了点儿生活用品，再摸摸口袋就发现自己真的成了“白领”了。

身边的白领常常会出现这样两类情况：10年前甲和乙是大学同班同学，毕业工作五年后，他俩不约而同积蓄了30万元人民币。五年前，他们都花掉了这30万元。甲花钱购买了一套房。乙花钱买了一辆汽车。五年后的今天，甲的房子市值60万元，乙的二手车市值只有5万元。

二人同样学历、具备同样的社会经验，收入也都一样，而目前的资产却有了明显的差异，为什么他们两人的财富不一样？

甲花钱买房是一种持续“投资”行为，钱其实没有花出去，只是转移在房子里，以后还是归自己。乙花钱买车则是一种“消费”行为，钱是花出去了，给了别人，车子用过五年后，早已无法与昔日相提并论。

关于理财有三句经典的话：每月储蓄30%工资，先储蓄，后消费；投资年回报10%以上；年年坚持，坚持10年以上。而这最后一条才是最重要的，储蓄贵在坚持。不少白领也曾想过要有些积蓄，但是他们总是每个月的薪水都先用来花费，剩下了就存起来，没有剩下就算了，等下个月再存，结果明日复明日，最终还是“白领”。

人们从小就知道，人生总需要不停地面临抉择，对于环境，人们只有两种选择，要么去改变环境适应自己，要么是改变自己去适应环境。然而环境的因素常常是难以抗拒的，就像正在泛滥的金融危机。

“坚持”与理财有什么必然的联系呢？事实上，对于理财，时间才是根本。尤其是许多白领阶层人士，他们往往只为图一时之乐而忽略了理财。其实，时间就是成本，任何一种理财产品都需要有时间的保障，需要“坚持”。比如，就目前的股市而言，多方资本正在博弈，因而难免会有意见不统一的时候，大盘指数时而暴跌，时而又回补。场外观望的资金能否坚持等待大盘回补缺口或回调建仓，场内资金是否坚持对大盘走势的判断及时调整仓位,这一切都在“坚持”之中。

然而，人们在穷的时候，对于“坚持”往往会更容易做到，更容易学会满足生活的“坚持”,因为这其中有些不得已而为之的意思。可是对白领人士来说，他们拥有一定的财富，原本有比较高的能力进行投资理财，然而现在却又变得那么难！

总之，对于白领人士而言，理财贵在坚持！白领人士只要能把自己对于理财的计划进行到底，就能够积少成多，聚沙成塔，积土成山。

九、投资理财黄金定律

“你不理财，财不理你。”许多人之所以跟钱之间总有不可逾越的鸿沟，是因为他们不知道钱的活动能力。钱跟人一样，是有生命的。每一元钱就是你的一个职员，你的目标是让你的职员勤奋地工作，经过时间的沉淀，职员队伍会日益壮大，工作效率会越练越高，它们会帮你赚更多的钱，积累到一定的财富时，你就可以作为董事长早日享受退休生活。这里的投资理财黄金定律，也许可以使你因此获得通向财富之门的万能钥匙。

第一，尽早投资，持之以恒

如果我们的财务目标是在 60 岁前积累 30 万元现金资产，假设年收益率是 10%，我们从 25 岁开始平均每月只需要投入 875 元，但如果是从 30 岁开始，每月投入就要增加到 1425 元。开始时间相差五年，每个月的投入多了近 2/3，这足以证明尽早投资并持之以恒的重要性。

第二，宁可小赚，不要大赔

对于长期理财来说，持续稳定的收益大大优于大涨大跌的收益。如今市场大跌，导致 90%以上的投资者出现亏损，这其中就包括不少在前几年牛市中赚到钱的投资者。“股神”巴菲特的年平均投资收益率在 26%左右，通过 40 余年的积累，他却成了世界首富，这充分证明在投资领域“宁可小赚，不要大赔”。

第三，财务自由的准备

你现在节约下来的每一块钱，都是你将来的财务自由的每一块坚固基石。攒钱是如此，花钱也是如此，一次花 20 块钱和花 40 块钱也许看起来没有什么区别，但时间长了所产生的贫富差异却十分悬殊。钱始终在为你工作，你拥有的钱越多，工作起来效率就会越高，收益就会越显著。有了这些钱，你就可以不必再给别人打工，可以在家里陪孩子，享受退休生活，周游世界。如果你当前有收入来源，那么你就从今天开始积累财富，可能一次只有 5 元、10 元，但每一次微不足道的积累都将成为你实现财务自由之路的基石。

第四，为你的将来打算

有的人不愿意投资股票，因为他不想等10年才成为富人，他想享受眼前的生活。这种思想的不利之处在于，10年后他活着的概率很大，到那个时候他将面临的问题就是他是否比现在过得更好。事实上，你当前的生活条件是由你过去所做的投资决定的，所以你不妨在此刻为你的将来做好准备！

第五，投资组合多样化

一般而言，年轻人可能都想在股票市场上多下点儿注，而上了年纪的人则倾向于将钱投到债券里。理智的做法是让你的投资组合多样化。你可以采取积极进取的投资策略，但最好是把钱投到不同的投资工具中，以便分散风险。

第六，保持投资组合中高风险高收益工具的比重

一般来讲，年轻人在投资组合中应该保持较高的股票比重，现在老年人同样要这么做。投资股票既有利于避免因低通胀导致的储蓄收益下降,同时也能够在市道不利时及时撤出股市,可谓是进可攻、退可守。

第七，投资应注意整体收益

对任何投资者而言，真正有意义的是投资组合的税后整体收益。也就是说，投资效果的好坏关键要看你拿到的股息、利息和价值增值之和。

这个原则对退休者来说尤其重要。这类投资者看重的往往是收益率。如果单一的收益率增长是以投资组合总体价值的缩水为代价，那么就可能引起危险的后果。

第八，别走父母经过的路，除非他们是富翁

给智商低的人的定义就是他们经常在重复地做同一件事情，却奢望不同的结果。如果你不想像你父母一样辛苦操劳一生而依旧清贫的话,那就别过他们的生活,要从他们那一代人的思想中解放出来,对财务有重新的认识和控制。为实现父母未曾达到但却梦想的财务自由和成功,你需要做两件事情。一是严格控制你的负债,在你做任何一项投资之前,是否应该用这笔钱先还清债务;二是把投资和财务储蓄永远放在人生中的重要位置,这个就要看你的持之以恒的品格了。作为个人来讲,无论你需要的现金收入还是长期的股票增值,成功的实体投资也是让你致富的关键。拿一部分钱从做小买卖开始起步,逐渐建立你的企业,从而获取长期的投资回报和可观的前景。

专家建议每月存收入的20%,比如500元,一年便是6000元整,五年便有3万元的积蓄。衣服化妆品等方面适当节省点儿,加上利息,付首期应该够了,其余分期付款,相信可以住到新房的。或者将这500元买基金,每月买5手,不要管涨跌,一年有6000股,五年就有一万股,在这过程中,每年有分红,除非涨得很高(30%以上),一般不要卖出,到时其价值肯定不止3万元。买房时,买套50~70平方米的,自住也好,出租也好,出手也容易,买时的投资收益率要达8%以上,并且一定要买低价,一买就赚。银行通常都在代理基金,随时都可以买。基金分为三种:保守型、稳健收益型和快速增长型。当然,每一种相对应的风险是不一样的,可以根据你自己的具体情况来购买不同风险的基金。过分节流意义不大,因为固定支出太多,而且是不能省的,最好的理财办法就是开源,努力多挣钱。

十、投资者应有的态度

投资带有若干赌博成分和运气成分,那是无可置疑的。然而,赌博的"彩头"不能累积，投资经验却可代代相传，供人借鉴。不论是机构性投资还是个人投资，参考、学习前人经验累积起来的知识，是想做资金主人的人增加胜算的不可或缺的门径。

第一，不要视投资为赌博

投资是严肃的行为，你将血汗钱投资一门生意，必定要经过深思熟虑，千万不要将投资视为赌博的工具。投资并不是将资金买一个号码，像买"六合彩"一样等待幸运之神出现。

第二，珍惜时间值

开始投资的时候，手上的本金可能很小，但是一定要珍惜小小的鸡蛋，如果把鸡蛋打碎了，便没法孵成小鸡，也没有母鸡生鸡蛋的故事了。谨记本金是你以血汗换来的储蓄，如果第一笔储蓄化为乌有，便会浪费那段储蓄的时间。如果不珍惜时间，让它随便付诸流水，便无法利用时间值来累积财富。

第三，重视回报率

回报率是有差距的，经过一段长时间后，其收益差别会越来越大。投资者在选择理财产品时，一定要选择回报率高的产品，因为长时间，因回报率产生的差别是巨大的。6%的回报是很容易获得的，购买长期债券便是一例。18%的回报乍看很难达到，但实际上亦并非不可能。如何保持 40 年都可以有 18%的回报呢？经过 20 年后，当你发觉你胯下的"千里马"已经累了或老了，就要找寻另一匹"千里马"再跑 20 年。那些有市场经济专利的公司，它们需要有快速的经济增长配合，透过公司赢利的增长，才可以支持股价的持续上升。

最理想的做法，就是先选择发展迅速的经济，再选择一家有市场经济专利的公司作为投资对象。追求回报时，不要以公司的股价回报为目标，而要专注公司的纯利增长。如果一家公司的纯利能够保持 12%的年复息增长，长远来说，该公司的股价必定可以保持在每年 12%的升幅。

第四，要懂得用“72 法则”

“72 法则”是最容易掌握计算回报的方法，将 72 这个数字除以回报率，得出来的便是将本金翻一番所需要的时间。例如你将本金放在银行收取 1%利息的时候，将 72 除以 1，你需要 72 年才能令本金倍增；但如果用 12%的回报率来计算，你的本金只需 6 年便可倍增。如此类推，18%的回报，你只需 4 年时间便可将本金倍增。作为投资者，我们不应将投资回报目标定得太低，应该用 12%作为最低标准。我们通常有 40 年的工作时间，若你的投资能够保持 12%的复式累进增长，40 年后本金加回报是第一注本金的 93 倍。第一注本金以 10 万元计算，40 年后，本金加回报达到 930 万元。

第五，小富由俭，安享晚年

如果每个月你只能储蓄 1000 元，1 年的储蓄额是 1.2 万元。若你能将 1.2 万元的储蓄，投资在有 12%回报的“千里马”身上，这样 40 年后，你总共投入了 48 万元的本金，本金加回报的总额达到 1031 万元，也就是你投入本金的 21 倍，足够令你安享晚年。这个计算方法并非神话，只看你的决心。

第八章　提升商业素质

创业者具备什么样的商业素质，是决定事业成败的问题。人的素质在于教育，只要肯学习，每个人的素质都会有很大的提高。提升商业素质注重人气和自身的内在修养，比如，有良好的心态和语言表达能力、敢于善于自我批评、敢于冒险，有耐力、善于学习、勇于反省、能有效地掌控自己的情绪，有健康的身体、能够高效地工作等。

一、培养商业心态

“态度决定一切。”不错，态度是一个人对待事物的一种驱动力，不同的态度将产生不同的驱动力。好的态度产生好的驱动力，必定会得到好的结果，而不好的态度也会产生不好的驱动力，必定会得到不好的结果。同时，对待任何事物不是单纯的一种态度，而是各种不同心态的综合。

其实，经商跟做人是一样的，先学会做人，会做人了，自然经商也会一步一步水到渠成。所以你必须培养积极的商业心态，使你的创业按照你的意思成长发展，没有积极的心态就无法成就大事。那么，从哪些方面培养自己的商业心态呢？

第一，积极的心态

如何成为最高层次的从商者，这与你的商业心态有关。从商要培养积极的心态。积极的人像太阳，走到哪里哪里亮。消极的人像月亮，初一十五不一样。积极的心态就是把好的、正确的方面扩张开来，同时在第一时间投入进去。也许你在现实中遇到了很多困难，可是你更应该看到克服这些困难后的一片蓝天。

第二，主动的心态

主动就是没有人告诉你而你去做恰当的事情。在企业里，有很多事情也许没有人安排你去作，有很多职位空着。如果你主动地行动起来、承担起来，你不但可以锻炼自己，同时也为自己争取这样的职位积蓄了力量。如果什么事情都需要别人来告诉你时你才去做，你就已经落后了，那些职位可能已经挤满了那些主动行动的人。主动是为了给自己增加机会，锻炼自己的才干，实现自己的价值。

第三，空杯的心态

人无完人，任何人都有自己的缺陷，都存在自己相对较弱的地方。也许你在某个行业已经经验丰富，具备了熟练的技能，但是你对于新的企业、新的经销商、新的客户，你仍然是你，没有任何特别之处。你需要用空杯的心态重新整理自己的智慧，去吸收现在的、正确的、优秀的东西。企业有企业的文化，有企业发展的思路，有自身管理的方法。只要是正确的、合理的东西，我们就必须去领悟，去感受，把自己融入到企业之中，融入到团队之中，否则，我们永远是企业的局外人。

第四，双赢的心态

亏心的事情有人干，但亏本的买卖没人做，这是商业规则。你必须站在双赢的心态上去处理你与企业之间、企业与企业之间、企业和消费者之间的关系。你不能为了自身的利益去损坏企业的利益。没有企业的大家，哪能有你的小家？企业首先是一个利润中心，企业都没有利润，你也肯定没有利益。同样，你也不能破坏企业与企业之间的双赢规则，只要某一方失去了利益，必定就会放弃合作。消费者满足自己的需求，企业实现自己的产品价值，这同样也是一个双赢。在这三种利益关系中，任何一方的利益受到损坏都会付出代价。

第五，包容的心态

水至清则无鱼，海纳百川，有容乃大。我们需要锻炼自己的心理，需要接纳差异，更需要包容差异。比如，销售人员会接触到各种各样的经销商，也会接触到各种各样的消费者。这个经销商有这样的爱好，那个消费者有那样的需求。你作为销售人员要为客户提供服务，要满足客户的需求，那就要求你学会包容，包容他人的不同喜好，包容别人的挑剔。你的同事与你也有不同的喜好，有不同的做事风格，你也应该去包容。

第六，自信的心态

自信是人们一切行动的原动力，没有了自信就没有的行动。销售人员应该对自己服务的企业充满自信，对自己的产品充满自信，对自己的能力充满自信，对同事充满自信，对未来充满自信。必须认识到，自己是将优良的产品推荐给消费者，满足他们的需求，自己的一切活动都是有价值的。很多销售人员并不相信自己的产品，又怎么能够说服别人相信自己的产品。很多销售人员不相信自己的能力，不相信自己的产品，所以在客户的门外犹豫了很久都不敢敲开客户的门。如果你充满了自信，你也就会充满了干劲，你会觉得这些事情是自己可以完成的，是自己应该完成的。

第七，行动的心态

行动是最有说服力的。千百句美丽的雄辩胜不过真实的行动。作为销售人员，需要用行动证明自己的存在，证明自己的价值；需要用行动去真正的关怀自己的客户；需要用行动去完成自己的目标。如果一切计划、一切目标、一切愿景都是停留在纸上，不去付诸行动，那么计划就不能执行，目标就不能实现，愿景就是肥皂泡。

第八，给予的心态

要索取，首先学会给予。没有给予，你就不可能索取。你作为销售人员，要给予自己的同事以关怀，要给予自己的经销商以服务，要给予消费者满足需求的产品。给予，给予，还是给予。唯有给予是永恒的，因为给予不会受到别人的拒绝，反而会得到别人的感激。

第九，学习的心态

干到老，学到老。随着市场竞争的加剧，销售人员实力和能力的打拼将越加激烈。谁不去学习，谁就不能提高，谁就不会去创新，谁的武器就会落后。同事是老师，上级是老师，客户是老师，竞争对手也是老师。学习不但是一种心态，更应该是人们的一种生活方式。在21世纪，谁会学习，谁就会成功，学习成了员工的竞争力，也成了企业的竞争力。

第十，老板的心态

作为企业的营销人员，要像老板一样思考，像老板一样行动。如果你具备了老板的心态，你就会去考虑企业的成长，考虑企业的费用，你会感觉到企业的事情就是自己的事情，你就会知道什么是自己应该做的，什么是自己不应该做的。反之，你就会得过且过，不负责任，就会认为自己永远是打工者，企业的命运与自己无关，你就不会得到老板的认同，不会得到重用，低级打工仔将是你永远的职业。

什么样的心态决定人们拥有什么样的生活。唯有心态问题解决了，你才会感觉到自己的存在；唯有心态问题解决了，你才会感觉到生活与工作的快乐；唯有心态问题解决了，你才会感觉到自己所做的一切都是当然的！记住：你的心态是你唯一能完全掌握的东西，要练习控制你的心态，并且利用积极心态来导引自己做好营销工作。

二、做到快乐工作

列夫·托尔斯泰曾经写道："人生的乐趣就隐藏在他的工作之中。"这句话是至理名言。工作的最高境界就是快乐工作。对上班族来说，把爱好和工作合二为一是现在最流行的。

在当今这个拜金主义盛行并充满紧张和压力的物质主义社会中，快乐工作能帮助人们构建一个安适的心灵港湾，提高自身的心理免疫力，高效地避苦趋乐以维护心灵的平衡，并在漫长的人生道路上，随手摘取快乐和幸福的果实。

那么，如何从工作中找到乐趣呢？人们喜欢变化繁多的东西，那会给人既刺激又新鲜的感觉。同理，如果工作富于变化，那么就更能使人们享受到工作的乐趣。其实，只要能够适当地调整自己的工作作息时间和心态，我们就能很容易地在工作中发现乐趣。对此，有人曾经提出六个具体建议。

第一，采取行动

要积极投入到工作之中，善于发现工作中存在的问题，一旦发现问题，可以问自己能够做些什么来解决，也可以主动和上司沟通。总之，切忌消极怠工，要注重工作投入感。

第二，调整观念

受现实因素的影响，行动无法实现的情况时有发生，这时，应该考虑调整自己的观念。例如端正观念，平和中庸，虽然不能像

CEO 那样呼风唤雨，但是至少不用像勤杂工一样每天和扫帚打交道。

第三，宣泄情绪

如果被消极心态困扰得太厉害，想要转变观念也是不可能一时就能做到的。这时人们不妨为自己找一种合适的渠道，把情绪宣泄出来。心态管理和治理洪水是一样的道理，要疏导而不要堵截。

第四，分心调剂

把注意力转移到能让自己开心快乐的事情上，例如逛街、看电影等。虽然这是辅助策略，但是能很好地避开压力，给自己以休养生息的时间。

第五，发现意义

人们应该好好地思考一下，到底什么才是自己真正想要的？自己从事这个工作的意义何在，能为自己带来哪些好处？如果所有的答案都是消极的，那么也许换工作是个不错的主意。

第六，增强体能

人生的一切都是建立在健康的身体之上的，因此一定要关注身体健康，重视饮食、营养、运动。

其实，快乐并不是可遇不可求的东西，快乐完全取决于你自己的意念。成功学专家卡耐基说，能接受最坏的情况，就能在心理上让你发挥新的能力。处在人生低潮时你可以想一想：我都到了低潮了还能坏到哪里去？按照发展逻辑，低处就是向高处回转的转折点，这样的心境一定会很鼓舞士气。这绝不是阿 Q 的精神胜利法，而是事情已经糟糕了，不开心也于事无补，不如转换思路，尽量找乐，为自己打气。

要让自己快乐地工作其实非常简单，那就是少一份欲望，多一份自信。在身处绝境时懂得苦中求乐，才是人生的真谛。

三、做到完美地表达

所谓完美表达，一是强调表达的完整性，即表达意思的完备；二是强调表达的优异性，即表达得优秀而无缺憾；三是强调表达的正确性，即表达的内容准确无误；四是强调表达的精湛性，即表达手段的精巧和熟练。完美表达意味着人们对自己面对的听众和谈话的目的明了，了解听众的需要，清楚自己谈话的主题，尽可能准确地传递有效信息，对自己的举止和仪表充满信心，能够熟练地掌握各种各样的讲话方式，让谈话不仅准确有效，而且更加生动有趣。如此才能在与人交流中彰显自我独特的魅力，有助于成功地塑造自我。

要使自己的谈话最有效、最成功地达到目的，实现完美表达，那就意味着你要在谈话前做好充分准备，以便在现场有上佳的发挥，最终取得很好的效果。为达到此目的，需要从各个方面加以训练。怎样才能提高口头表达能力呢？以下一些做法可供参考。

第一，努力学习并掌握相关的知识

就口才而论口才是远远不够的。有些人虽然伶牙俐齿、能说会道，但却登不了“大雅之堂”。出色的口头表达能力是由人们的内在综合素质决定的，它需要冷静的头脑、敏捷的思维、超人的智慧、渊博的知识及较好的文化修养。为此，需要人们努力学习有关的理论、知识、经验，比如学好演讲学、逻辑学、哲学、社会学、心理学等。

第二，努力学习并掌握相应的技能、技巧

要做到完美地表达，必须学习并掌握相应的技能、技巧，具体有以下八个方面。

一是准备充分，写出讲稿，不要照本宣科。

二是以情感人，充满信心和激情。

三是以理服人，条理清楚，观点鲜明，内容充实，论据充分。

四是注意概括，力求用言简意赅的语言传达最大的信息量。

五是协调自然，恰到好处地以手势、动作、目光、表情帮助说话。

六是表达准确，吐字清楚，音量适中，声调有高有低，节奏分明，有轻重缓急，抑扬顿挫。

七是幽默生动，恰当地运用设问、比喻、排比等修辞方法及谚语、歇后语、典故等，使语言幽默、生动、有趣。

八是尊重他人，了解听者的需要，尊重听者的人格，设身处地为听者着想，以礼貌待人，不使用教训人的口吻，注意听众的反应，及时地调整讲话。

第三，积极参加各种社会活动

积极参加各种能增强口头表达能力的社会活动，如演讲会、辩论会、班会、讨论会、文艺晚会、街头宣传、信息咨询等活动。要多讲多练，凡课堂上老师讲的或自己在书本学到的知识都尽可能地用自己的话讲出来，这有助于提高自己的口头表达能力。

第四，要持之以恒

锻炼口头表达能力要有刻苦精神，要持之以恒。只要勤于学习，大胆实践，善于总结，及时改进，我们的口头表达能力一定能不断提高。

四、有效地利用时间

人的一生两个最大的财富是：自己的才华和自己的时间，这两者是人们成就事业、获取财富的基本条件。对于每一个人来说，都是才华越来越多,时间越来越少,人的一生可以说是用时间来换取才华。

如果一天天过去了，我们的时间少了，而才华没有增加，那就是虚度了时光。所以，我们要想成就事业，获取财富，就必须节省时间，有效率地使用时间。

那么，如何有效率地利用时间呢？下面的七点建议可供你参照。

第一，找到一个平衡点

越是能干的人对自己越苛刻：自己明明已经提高工作效率，能够在越来越短的时间管理重要的事务，完成越来越多的工作，明明自己已经是无数人羡慕的对象，内心却仍然感到不满意，总是觉得自己不幸福。究其原因，其实就是日复一日的忙乱生活阻碍了我们追求幸福的脚步，使我们失去了实现梦想和愿望的能力。在这个寻找平衡点的过程中，组织才能与时间管理的重要性尤为显著。

时间管理并不是教你买一本记事本，学会制订一个高效的日程表，也不是让你放慢速度，消极地应对生活中的压力。所谓寻找平衡点，就是寻找适合自己的生活节奏，寻找自己心目中最重要的事。

要想同时获得事业的成功与生活的幸福，我们必须在家庭与社会交际、事业与成就、身心健康和人生的意义与价值这四大生活板块之间找到一个黄金平衡点。一旦这几个板块之间出现了不平衡，生活就会向一边倾斜，最终导致人们精神上的崩溃。

第二，不必要的妥协

对于大多数现代人来说，事业和私人生活总是像鱼与熊掌一样，难以兼得。为了取得事业上的成功，我们不得不作出妥协，而这种妥协的前提通常都是牺牲自己的私人生活。然而生活中的每个部分都是密不可分的，对任何一方面的过度偏重都必然会使其他方面出现问题。这也就是说，我们作出的某些妥协根本就是不必要的！我们完全可以通过一套完整的时间管理与生活管理体系，为自己生活的每一个方面都创造出足够的时间与空间，找到它们之间的平衡点，继而获得长期的和谐生活。

第三，学会选择并作出明确的决定

一天只有 24 个小时，时钟每时每刻都在不停地往前走，可是我们想干的事情又偏偏那么多。因此，我们必须学会选择并作出明确的决定：面对不同的人或事，我们要选择说“是”或者说“不”，要决定如何利用每天仅有的 24 小时。这本来就不是一件容易的事，更何况对一件事情的选择与决定往往还意味着放弃更多其他的可能性。正是出于这种原因，人们才会那么害怕选择、害怕决定。当然，你有权选择被动地维持现状，不作出任何选择与决定。当你面临这种恐惧止步不前时，请想想这句话：没有选择与决定的生活是不可能达到平衡的。

第四，集中精力关注重要的事

现代人的生活太纷繁复杂了，形形色色的责任、工作、约会、消遣或是娱乐使人越来越应接不暇，渐渐忘记了那句至理名言：少即是多。有人认为，因为别人对自己有所期待，所以自己不能辜负他们的厚望，必须尽量满足他们的要求；也有人认为，多一分耕耘必然会多一分收获，所以自己必须要完成尽量多的工作，以获得最大的成功。其实，这些都是他们不舍得放弃的借口。事实上没有人能够做完所有的事，也没有人可以拥有一切。只要你敢于放弃生活中次要的方面，集中精力关注重要的事，你最终获得的就是成功。

你是否经常边打电话边写 E-mail，还不时地翻翻手中的财经类日报？当然，一心多用是一种了不起的本领，但这往往会使你不知不觉地在琐碎的小事上浪费很多的时间。老人家常说“该干什么的时候就干什么”，这句话还是有独到的智慧的。因此，请你在处理一件事情的时候尽可能地专注，在生活中也要时刻谨记自己的目标与方向。千万不要只顾追求表面上的高效率，不断地盲目加速，却忘记了自己生活与工作的重心。如果你学会了如何专注于重要的事情，你就能掌握生活中的主动权，提高自己的创造性，并最终为自己赢得时间，赢得成功。

第五，不苛求完美

不要再追求所谓的完美主义了！追求完美主义的思维方式对己对人都是不必要的苛求。每个人都有自身的缺点，也都会时不时地犯些小错，这有什么关系呢？一个人如果能够集中精力把所有重要的事都做好就已经很不容易了。对那些无关紧要的细枝末节睁一只眼闭一只眼，用省下来的时间与精力关注自己生活的重心，这难道不是既省心又省力的智慧吗？

第六，懂得享受休闲时光

在我们周围普遍存在着一种对成功的极大误解：大多数人认为获得成功的第一步就是高效地利用时间，提高效率的方法则是把生命中的每分每秒都安排得富有意义，即便是在双休日或是假期也要始终过得积极主动。请你不要再误导自己了！真正的成功人士是最懂得享受时光的。不想参加那些无聊又吵闹的派对，不想陪同事逛街，不想陪客户打高尔夫，那就不去好了！如果你喜欢躺在家里的沙发上听最喜爱的古典音乐，那就尽管拿出整晚的时间尽情地享受属于自己的音乐旅程；如果你更喜爱大自然，那就去找一片安静的绿草地，尽情地享受一下午后温暖的阳光。真正懂得慵懒的意义的人才能更轻松地找到生活的平衡点，放松与享乐也是创造力与灵感的最佳源泉。

计划是管理时间过程中非常重要的一个环节，每天都安排好日程表，随身携带备忘录，合理安排做事的先后次序等。在精心计划的同时，请你千万不要忘记：工作并不等于生活。在每周甚至每天的计划中，我们都必须为自己的私人生活预留足够的时间与空间。亲近的夫妻关系、和睦的亲子关系、密切的朋友圈子，还有你自己的身体与心理健康……这一切生活中的幸福都是需要你用时间、用心去经营的。

第七，改正不良的习惯

有的人之所以能够让不良行为成为习惯，就是因为他们缺乏自省。因为习惯，他们每天都过着梦游一般的日子；因为习惯，他们失去了生活中的主动权，失去了主动思考与辨别的能力；因为习惯，他们陷入了时间的泥潭之中，不能自拔，却毫不自知，反而乐在其中。在仔细分析了自己的时间记录表之后，你一定会感到十分惊讶："原来在这些我早已习惯的日程安排的背后隐藏了那么多时间漏洞！原来我在不知不觉中浪费了这么多的时间！"在按照习惯行事的过程中，人们的大脑会持续处于慢速运转状态。如果这种单调的无变化的状态长期存在的话，人们的行为也会随之成为无意识的条件反射，即上班的第一件事就是冲杯咖啡，然后整理文件、开会、见客户……这种做法的后果是可悲的：人们的生活将失去乐趣，时间也会不知不觉地流失。让我们清醒一下吧，反省一下自己的种种习惯，改正不良的习惯，养成良好的习惯。

五、善于自我批评

所谓自我批评，就是人们对自己的言行进行客观的、实事求是的评价。每个人都有其短处，只要他的大节不坏就应该肯定。一个人有微小的过失，不应该因此背上包袱；如果一个人大节不好，那就要自我否定。所以，我们不要害怕批评，要敢于接受批评，勇敢地面对批评，做到正确地对待批评和自我批评。

具有自我批评精神的人是清醒的人，是与成功并行的人。

成功的人大多善于自我批评。在现实生活中，越是有成就的人，往往越是挨批评多的人。因为一个人的成就越大，权威越高，他被批评的机会越多，忌妒他的人也就越多，踩他的人就越多。工作和错误往往是成正比的，一个人工作越多，纰漏就越多，留给别人批评的把柄就越多。“人非圣贤，孰能无过？”只要我们不讳疾忌医，不固执自己的错误，多作自我批评，并能够迅速地改正错误，我们就会赢得更大的成功。

陈毅同志是建立新中国的元勋之一。在抗日战争时期，有一天，饲养战马的战士气呼呼地把陈毅的战马痛打了一顿。陈毅见马被打，立即发了火，对打马的战士大声喊道：“你简直是乱弹琴！这马是革命的马，你怎么能这样打呢？”打马的战士从来没有见过陈毅发这么大的火，心里很害怕，不知如何是好。陈毅见状，立即意识到自己的话说重了，马上道歉说：“是我不好，是我不好。你打马不对，我也不该发那么大的火，向你道歉！”战士听了很感动，立即承认了自己的错误。

我国唐朝的皇帝唐太宗有一个不问罪段元冲的故事。一个叫段元冲的书生攻击唐太宗，此事惊动了满朝文武百官，他们异口同声地请旨立刻将段元冲斩首，以警顽民。唐太宗知道后批道：他的意见如果是对的，这是他忠君的表现；他的意见如果是错的，这是他狂妄的表现。忠君的话不可以仇相待，狂妄的话也不要多作计较。唐太宗称赞魏征提出的“兼听则明，偏信则暗”，他领导的唐朝一度成为当时世界上兴盛的强国之一。

英国作家哈尔顿为编写《英国科学家的性格和修养》而采访达尔文。达尔文的坦率是众人皆知的，因此哈尔顿毫不客气地问达尔文：“您的主要缺点是什么？”达尔文答：“不懂数学和新的语言，缺乏观察力，不善于合乎逻辑地思维。”哈尔顿又问：“您的治学态度是什么？”达尔文又答：“很用功，但没有掌握学习方法。”听到这些话，谁能不为达尔文的坦率与真诚鼓掌呢？达尔文这位蜚声全球的大科学家，把自己的缺点毫不掩饰地袒露在人们面前，表现出高尚的品德，换来的是真挚的信赖和尊敬。

凡是你做对的事情一定要不断地坚持，做错的事情一定要立刻改正。同样的错误千万不要犯第二次。每一天一定要检视自己的进步。

法国人做事情出现差错或者意外，总是先检讨自己错在哪里，很少找客观原因。比如，和别人约定会面迟到了，总是第一时间向对方说“抱歉”，而不解释堵车等客观原因。即使路上出现交通事故造成堵车等客观原因，他们也不会拿这为自己开脱。按照他们的逻辑，应该想到会出现堵车的情况而提前出发。为自己开脱无疑是错上加错。先检讨自己是改正错误的最好办法之一。

常常受到批评和进行自我批评的人，切忌不要失去自尊心，不要对自己过于随便，要以你的正直品德来保证自己的正直。你要尽可能严格地要求自己，避免不得体的言行，而不是依靠外部的清规戒律。这并不是因为怕别人的批评，而是因为你自己就有诚惶诚恐的谨慎心理。

“金无足赤，人无完人”。一个人有缺点毛病并不可怕，可怕的是讳疾忌医，以致“小疾”拖成“大病”，甚至病入膏肓，不可救药。严于自我批评、善于检讨自己的人，别人不会怨恨他；不能严于自我批评和检讨的人，别人就会怪罪他。每个人要得到别人好的评价，就要少犯错误，就必须注意时常检讨自身的言行，思考自己有没有什么地方存在过错，及时地总结经验教训，认真纠正自己的错误。俗话说：“良药苦口利于病，忠言逆耳利于行。”一个人只有敢于亮丑，敢于解剖自己，虚心地自觉地接受别人的批评，同时也要善意地、实事求是地指出他人的缺点和错误，才能不断地改造自我，提高自我，完善自我。

六、能够随机应变

做人做事的时候不能太过死板，要学会进行适当的变通，对于具体问题要进行具体分析，不要被经验束缚了头脑。做人做事执著虽然重要，但盲目地执著却是不可取的。冲出习惯性思维的牢笼，你会发现呈现在你眼前的将是“柳暗花明又一村”。

在商海之中总是充满了搏杀和凶险，稍有不慎，就可能导致船覆灭顶。做事总是能够随机应变，见机行事，善于从商海变化中找出机缘，这是最终取得成功的重要因素之一。商海变化是绝对的，不变是相对的，在无穷的变化之中又蕴藏着无数的商机。只有善于在变化之中发现这些潜在的机会，才能够为自己增加成功的砝码。

任何事物的构成及其发展变化都是由内外条件和多种因素共同决定的，当这些因素发展到一定的状态时，只要从外部引入一定的信息、物质或能量，就会促使整个事物发生重大变化，进而引发出新的机遇。如果你善于抓住新的机遇，并以此作出决策并且采取行动，便能够提高自己的工作效率，也更容易实现预期的目标。

所谓识时务者为俊杰，就是指能够比较准确地识别时机的到来并为此作出人生抉择的人。

一个小徒弟跟着铁匠师傅学艺，不久就能自己接活儿了。在自己接活儿时，小徒弟打了四把斧子，自己特别满意。第一个顾客是中年农民，他抱怨斧子太沉。小徒弟无言以对。师傅对农民说：“你的身体强壮，斧子大点儿看着才相称！”第二位客人是屠夫，他不满意地说：“斧子太小，砍骨头恐怕不行？”小徒弟心想可能是自己的技术不行，羞愧地低下了头。师傅对屠夫说：“这把斧子肯定能用，太大了手臂容易发酸。”屠夫连连点头。第三位顾客是一位年轻的樵夫，他一进门就问：“怎么用了这么长时间？”小徒弟脸憋得红红的，心想，看样子要返工了。师傅连忙笑着说：“慢工出细活儿嘛！这斧子保管你一天砍一大堆！”樵夫满意地走了。

小徒弟想，再有人抱怨我就能应付了。一会儿，一位老人走进来，皱着眉头说：“这么快就做好了？恐怕打得不到火候吧！”小徒弟哭笑不得，一脸窘迫。这时师傅上前解释到说：“这不是怕你老着急伤了身体吗？我这位徒弟可是连夜打出来的，质量绝对没问题！”老人一听，喜得眉开眼笑，付了钱，高兴地拿着走了。

小徒弟这时正低着头沉思……

这个故事给营销人员三点启示：一是不要一口气说出产品或者服务的全部优点，那样容易让自己陷入被动。要根据顾客的不同需求，作出必要的解释和补充，消除或者弥补他们的不满意，继而说服他们购买。二是学习真本事要老老实实，做生意还是随机应变的好。三是对年轻人说话要“爽快”，对中年人说话要“诚实”，对老年人说话要“周全”，对孩子说话要讲究“逗乐”。

总之，世间万事万物都是在不断地发展变化的，没有永远静止不动的东西。智者总是能够从变化中找到机会和机缘，以此来调整自己的计划以适应其中的变化，最终达到自己的目的，取得成功。

七、具备冒险精神

如果没有冒险精神，你的人生就不可能成功，至少不能完全成功！比尔·盖茨曾经激励青年：“如果一生只求平稳，从不放开自己去追逐更高的目标，从不展翅高飞，那么人生还有什么意义？”

在国外，人们通常认为“企业家”是“有冒险精神的一群人”，冒险是他们区别于其他人群的显著特征。业内人士表示，从冒险的商业回报和财富价值看，现在已经进入“冒险经济”时代。

美国人最喜欢冒险。回顾美国历史，从1492年哥伦布发现美洲大陆到美国内战结束，一批又一批的移民从欧亚大陆移居美国，开拓冒险，寻求商机。当时的美国还处在蛮荒时代，欧亚大陆移居过去的人开垦出一个新大陆，让其发展创新，创造出一个又一个巨大的奇迹。那些勇敢的先驱者可以说是最出色的一群人，虽然他们去的时候可能全部身家只买得起一张船票，但他们以敢于冒险的精神此改变了自己的命运，用自己的想象力和勇气创造新的财富，把无数欧洲世袭制的富豪远远抛在身后。正因为他们的血统里有敢于冒险的精神，他们才创造了一个又一个的奇迹。可以说，美国的发展史就是一部冒险史。也正是美国人的这种冒险精神让美国在短短的200年里产生了洛克菲勒、摩根、福特等巨人财团。

在《福布斯》公布的“日本富豪榜”上，身为日本休闲服饰连锁店优衣库的迅销公司董事长兼社长柳井正连续荣登榜首。在谈起自己的成功体会时，他是这样解读的：“我以为自己是个冒险家。所有的商业行为其实都是冒险，只有承受越大的风险，才有可能获得越多的利益。”为此，他在2003年写了一本名为《一胜九败》的书。在他看来，“创业不需要有什么特别的资质。我认为几乎所有人都能创业，重要的是自己做做看。不论失败几次都不气馁地持续挑战，在这样的过程中，就能培养出一位经营者”。

在商界，做投资也好，开发新产品也好，时刻都是与风险相伴的，因为瞬息万变的商场有着太多的不可确定因素，成功的人大多是冒险家。

20世纪50年代初，美国西方点子公司有一项产品合格率仅为5%的晶体管生产专利，日本索尼的盛田昭夫竟以10

万美元向美国西方电子公司购买这一项还不成熟的生产专利，准备在世界上率先批量生产晶体管收音机。当时，人们都认为这是一注极为冒险的赌注，而盛田昭夫以其独特的商业眼光认定在世界电子业率先批量生产晶体管收音机一定前途无量。经过在专利基础上的深入研究，索尼公司将合格率提高到 95%，同时成功地开发了世界上最早的袖珍式晶体管收音机。正是这次大胆冒险的专利购买决策，使得索尼走上了世界电子领域领先扩张经营之路。

"冒险"这个词曾频繁地在富人身上"曝光"，当代中国富人的"十大财富品质"，"冒险"位居前列。其实富人并不比普通人聪明，也不一定"学富五车"，这些富人之所以能成功，那是因为富人具有的冒险精神，具有敢想就敢去做的精神，这是"平庸者"无法效仿的。而很多智商、学识远远高过他们的人却失败了。

经济学家说："企业家精神就是创新精神，创新精神就是冒险加理智。"企业家身上 60% 是冒险精神，40% 是理智。如果一个人的冒险精神降到 20%，理智成分上升到 80% 他就成了学者。

约瑟夫·熊彼特在 1942 年便已提出"企业家"要具备的素质：一是有眼光，能看到市场潜在的商业利润；二是有能力，有胆略，敢冒经营风险，从而取得可能的市场利润；三是有经营能力，善于动员和组织社会资源，进行并实现生产要素的新组合，最终获得利润。

国外著名学者围绕着"企业家精神"都曾作过精辟的论述，其中比较有代表性的有这么三种：艾伯特的"合作精神"、熊彼特的"创新精神"和韦伯的"敬业精神"，这三种精神构成了企业家精神的三大要素。的确，一个企业家想要获得成功，是需要具备这三个要素的。除了这三个要素之外，总结起来大概还有冒险精神。

这仅限于经济学领域里企业家精神的概念，这些观点侧重于企业家创造财富的范畴，注重的是企业家如何创造经济价值。然而企业家的作用不仅在于向社会提供物质层的面财富，企业家更深层次的精神应该体现在创造社会价值上。企业家具有社会责任感，才是新时代的企业家精神。真正的企业家精神是什么？新时代的企业家需要有什么精神？合作精神和敬业精神虽不可少，但更重要的是冒险精神和创新精神。

企业家的冒险精神主要表现在企业战略的制定与实施、企业生产能力的扩张和缩小、新技术的开发与运用、新市场的开辟、生产品种的增加和淘汰、产品价格的提高或降低等方面。成功的企业家首先是一个冒险家。企业家具有敏锐的嗅觉，对商机和市场利润有着超人的敏感度，这种独特的潜质使企业家身上充满了一种冒险的精神，他们标新立异，逆向思维，敢做常人不敢做的事情。

第一个吃螃蟹的人是勇士。只有敢于想别人不敢想，为别人不敢为，才可以抓住转瞬即逝的机遇。

八、要有非凡的忍耐力

成语里有一句“艰难困苦，玉汝于成”，还有一句“筚路蓝缕”，意思都是说创业不易。不易在哪里呢？首先是要忍受肉体上和精神上的折磨。肉体上的折磨还好办一些，挺一挺就过去了，更难忍受的是精神上的煎熬，就像王江民一样。

王江民40多岁到中关村创业，卖杀毒软件，几乎一夜间就变成了百万富翁，几年后又变成了亿万富翁。他曾被称为中关村百万富翁第一人。王江民的成功看起来很容易，不费吹灰之力。其实不然，王江民在困难的时候曾经一次被人骗走了500万元。

王江民的成功，可以说是偶然之中蕴涵着必然。王江民3岁的时候患过小儿麻痹症，落下终身残疾。他从来没有进过正规大学的校门，20多岁还在一个街道小厂当技术员，38岁之前不知道电脑为何物。王江民的成功，在于他对痛苦的忍受力，从上中学起，他就开始有意识地磨炼自己的意志。王江民说："我经常去爬山，500米高很快就爬上去了，慢慢地爬上去也就不感觉得累。再一个就是下海游泳，从不会游泳到喝海水，最后到会游泳，一直到很冷的天也要下水游泳，去锻炼自己在冰冷的海水里提高忍受力。比如：别人要游到1000米、2000米，那么我也要游到1000米、2000米，游到上岸的时候都不会走路了，累得站不起来了。就这样锻炼自己，来磨炼自己的意志。"当他40多岁辞职来到中关村，面对欺骗，面对商业对手不择手段、不遗余力的打击，他都能够坦然面对。所以，中关村能人虽多，倒让这样一个外来的残疾人拔了百万富翁的头筹。

中关村还有一个与王江民异曲同工的人，就是华旗集团的老总冯军。冯军是清华大学的高才生，读大学时就在北京秀水街给倒货的留学生当翻译赚外快。毕业后虽有一个好工作，他却不愿干，宁愿跑到"村里"自己打江山。冯军在中关村有个"冯五块"的称号，意思是说，他每样东西只赚你五元钱。有媒体曾经这样描述冯军在“村里”的生活：“冯军一次用三轮车载四箱键盘和机箱去电子市场，但他一次只能搬两箱，他将两箱搬到他能看到的地方，折回头再搬另外两箱。就这样，他将四箱货从一楼搬到三楼，再从三楼搬到二楼，如此往复。”这样的生活，有时会让人累得瘫在地上坐不起来。

冯军在中关村创业，要丢掉清华大学高才生的面子。俗话说，“物以类聚，人以群分”。在中关村和冯军干一样活儿的人，大多数是来自安徽、河南的农民，如中关村的 CPU 批发生意，60% 以上都由来自安徽霍邱县冯井镇的农民把持着。一个清华大学的高才生，要成天与这样一些人打交道，与这样一些人厮混，不是一件好受的事情，需要很好的心理承受能力。其次，为了让人家代理自己的产品，“村里”那些摊主儿不论大小都是自己的爷，见人就得点头哈腰，赔笑脸说好话。中关村那些摊主儿的素质尽人皆知，好听的话不会多。从“冯五块”这样一个绰号可以看出冯军当时的“江湖地位”。

冯军曾遇到过这样的难题，就是与郎科的优盘专利权纷争。郎科的创始人邓国顺也是一个传奇人物。从一个打工仔成长为亿万富翁，邓国顺只用了短短几年时间，中间亦经受了无数的折磨。“那种煎熬是一般人不能承受的，可是我们没想过放弃。即使是累得快趴下，钱快花光的时候，我们也不过是想：没钱了，再回新加坡打工，赚了钱又继续搞。”邓国顺说的是他和创业伙伴成晓华一起开发优盘时的情景。现在邓国顺的朗科拥有优盘的专利，冯军的华旗却想来分一杯羹。邓国顺不答应，两家就起了纷争。冯军息事宁人想和解，天天给邓国顺打电话，但是邓国顺一听是冯军的声音就撂电话，逼得冯军不得不换着号码给他打。冯军大小也是个老板，华旗在中关村不算出类拔萃，可也不是籍籍无名，这样低声下气地让人不待见，都是为了公司的生意。这是创业者需要忍受的另一种精神折磨。

与俞敏洪比起来，冯军所受的折磨又算是小巫见大巫。俞敏洪是国内英语培训的头牌学校新东方的创始人。对俞敏洪的创业经历，中国青年报记者卢跃刚在《东方马车——从北大到新东方的传奇》中有详细的记录，其中令人印象尤深的是对俞敏洪一次醉酒经历的描述，看了令人落泪。

俞敏洪那次醉酒，缘起于新东方的一位员工贴招生广告时被竞争对手用刀子捅伤。俞敏洪意识到自己在社会上混，应该结识几个警察，但又没有这样的门道。最后通过报案时仅有一面之缘的那个警察，将刑警大队的一个政委约出来“坐一坐”。

卢跃刚是这样描述的：

他兜里揣了3000块钱，走进香港美食城。在中关村十几年，他第一次走进这么好的饭店。他在这种场面交流有问题，一是他那口江阴普通话，别别扭扭，跟北京警察对不上牙口；二是找不着话说。为了掩盖自己内心的尴尬和恐惧，劝别人喝，自己先喝。不会说话，只会喝酒。因为不从容，光喝酒不吃菜，喝着喝着，俞敏洪失去了知觉，钻到桌子底下去了。

老师和警察把他送到医院，抢救了两个半小时才活过来。医生说，换一般人，喝成这样，回不来了。俞敏洪喝了一瓶半的高度“五粮液”，差点喝死。

他醒过来喊的第一句话是：“我不干了！”学校的人背他回家的路上，一个多小时，他一边哭，一边撕心裂肺地喊着：“我不干了！再也不干了！把学校关了！把学校关了！我不干了……”

他说：“那时，我感到特别痛苦，特别无助，四面漏风的破办公室，没有生源，没有老师，没有能力应付社会上的事情，同学都在国外，自己正在干着一个没有希望的事业……”

他不停地喊，喊得周围的人发憷。

哭够了，喊累了，睡着了，睡醒了，酒醒了，晚上7点还有课，又像往常一样，背上书包上课去了。

实际上，酒醉了是很好对付的，但是精神上的痛苦就不那么容易忍了。当年“戊戌六君子”谭嗣同变法失败以后，被押到菜市口去砍头的前一夜，说自己乃“明知不可为而为之”，有几个人能体会其中深沉的痛苦？醉了、哭了、喊了、不干了……可是第二天醒来仍旧要硬着头皮夹起皮包给学生上课去，眼角的泪痕可以不干，该干的事却不能不干。按卢跃刚的话说：“不办学校，干吗去？”

俞敏洪还有一件下跪的事，在新东方学校也是尽人皆知。那是当着几十口子人，当着自己的同学、同事，当着在饭店吃饭的不相干的外人，俞敏洪“扑通”一声就给母亲跪下了。起因是，俞母将俞敏洪的姐夫招来新东方干事，先管食堂财务，后管发行部，但有人不愿意，不知谁偷偷地把俞敏洪姐夫的办公设备搬走了。俞母大怒，也不管俞敏洪正和王强、徐小平两个新东方骨干在饭店包间里商量事，搬把凳子便堵在包间门口破口大骂。王强和徐小平看见俞敏洪站起来“大义凛然”向门外走去，还以为他是要去跟母亲作坚决的斗争呢，谁知这位新东方学校的校长，许多人景仰的中国留学“教父”竟然当着大伙儿的面，“扑通”一声给母亲跪下了。弄得王强和徐小平面面相觑，目瞪口呆。

王强事后回忆说：“我们期待着俞敏洪能堂堂正正从母亲面前走过去，可是他跪下了。顿时让我崩溃了！人性崩溃了！尊严崩溃了！非常痛苦！”一个外人看见这样的场景尚且觉得“崩溃”，觉得“非常痛苦”，那么，作为当事人和下跪者的俞敏洪会是什么样的感觉呢？

现在大家都知道俞敏洪是亿万富翁，谁知道俞敏洪这样一类创业者是怎样成为亿万富翁的呢？他们在成为亿万富翁的道路上付出了怎样的代价，付出了怎样的努力，忍受了多少别人不能够忍受的屈辱、憋闷、痛苦！有多少人愿意付出与他们一样的代价，获取与他们今天一样的财富？更有甚者，当初江苏名佳企业董事长张正基创业时，因为违逆了父亲的意思，甚至被父亲告到税务局，说他偷税漏税，父子因此而三年断绝往来，你知道其时张正基的心情吗？

对一般人来说，忍耐是一种美德，对创业者来说，忍耐却是必须具备的品格。“电话大王”吴瑞林回忆当初创业失败：“走在路上，平时笑脸相迎的乡邻竟然一夜之间形同陌路，不断有人在我身后指指点点。没多久，孩子们就哭着回家告诉我，老师把他们的位子从第一排调到最后一排去了，学校里的同学也不和他们玩了。”吴瑞林不得不带着家人，“选择了在一个月黑风高的深夜悄悄地离开”，离开了生他养他的故乡。“指甲钳大王”梁伯强一次次创业，一次次辛苦地累积财富，而每一次点滴积累的财富最后总是被各种各样“莫名其妙的原因”剥夺，搁在一般人身上早发疯了，可梁伯强都忍下了。现在他是一个成功者。

老话说“吃得菜根，百事可做”。对创业来说，肉体上的折磨算不得什么，精神上的折磨才是致命的。如果你有心自己创业，一定要先在心里问一问自己，面对从肉体到精神上的全面折磨，你有没有那样一种宠辱不惊的“定力”与“精神力”。如果没有，那么就一定要小心。对有些人来说，一辈子给别人打工，做一个打工仔，是一个更合适的选择。

九、善于学习，勇于反省

反省其实是一种学习能力。创业是一个不断摸索的过程，创业者在此过程中难免犯错误。反省是认识错误、改正错误的前提。对创业者来说，反省的过程就是学习的过程。有没有自我反省的能力，具不具备自我反省的精神，决定创业者能不能认识到自己所犯的错误，能不能改正所犯的错误，是否能够不断地学到新东西。

方杰做奥普浴霸，大家觉得那么容易，好像是一蹴而就似的。其实早在澳大利亚留学的时候，方杰就有意识地到澳大利亚最大的灯具公司打工。当时他不懂商业谈判，他知道自己的缺陷，很希望学会谈判的本领。他知道他的老板是一个谈判的高手，所以，每当有机会与老板一起进行商业谈判的时候，他总是在口袋里偷偷地揣上一个微型录音机。他将老板与对方的谈判内容一句句地录了下来，然后再回家偷偷地听、揣摩、学习，看看老板是怎样分析问题的，对方是怎样提问，老板又是怎样回答的。

方杰就这样学习，几年以后他也成为了一个商业谈判的高手。后来老板退休了，把位子让给了他。到了1996年，方杰差不多已经成了澳大利亚身价第一的职业经理人。然而他不想当打工仔，想回国自己创业。方杰的奥普浴霸就是在这样的基础上做成的。方杰并不是一个天生的生意人。

成功者有一个共通之处，就是都非常善于学习，非常勇于进行自我反省。

高德康做波司登，经常晚上睡不着，想心事，常常在半夜里醒来一身冷汗。高德康何许人也？江苏常熟白茆镇山泾村的一个农民。高德康曾经这样描述他的创业经历，那时候他做裁缝，组织了一个缝纫组，靠给上海一家服装厂加工服装赚钱，每天要从村里往返上海购买原料，运送成品。

高德康说："从村里到上海南市区的蓬莱公园，有100公里路。我骑自行车每天要跑个来回，骑了几次车就不行了。于是我就挤公共汽车，背着重重的货包挤上去，再挤下来，累得满头大汗。因为我挤车也是在上班时间，车挤得不得了。我背着货包好不容易挤上去，车上的人闻到我一身汗臭味，就把我推下来，有一次把我的腰都扭伤了。有时候他们还要骂一句：你这个乡下人，乡巴佬！那些人神气得不得了……可是包重呀，你把我推下来，我怎么办？那个时候我是哭也哭不得，我想那些人一点儿都不理解我，有时甚至考虑还要不要和上海人做生意？但是不去上海，家里就没有活儿干，吃不上饭。于是只能上，乖乖地上。做生意龙门要跳，狗洞要钻，没办法的，只能受点儿委屈。”

在这种情况下，高德康睡不着觉。后来，他的事业做大了，波司登已经成为了中国羽绒服第一品牌，他变成亿万富翁了，却仍然常常睡不着觉。高德康总是反省自己，为了一些想不明白的问题，他还特意跑到北大、清华上了一年学。他说：“我总是在听人家讲，听了以后抓住要害，再在实践中去检验，到最后看结果，看到底是不是真的。”高德康只有小学文化程度，而他现在最大的爱好竟然是看书。他说：“时间再紧张，学习也不能马虎。平时很少有时间去看书，有的时候在飞机上看看。在这种学习时间很少的情况下，每个月一定要集中三天时间看书。集中三天学了之后，把自己的思路理顺。作为一个领导来说，不一定整天忙得不得了的领导就是好领导。企业领导必须把思路理顺，认真地考虑企业的发展。”

高德康作为一个山沟里的农民，某些上海人嘴巴里的“乡巴佬”，最后却能让上海人抢着购买自己的羽绒服，把上海人的钞票大把大把地揣进自己的兜里，原因何在？现在你明白了吧！

创业者需要的是综合素质，每一项素质都很重要，不可偏废，缺少哪一项素质，将来都必然影响事业的发展。有些素质是天生的，但大多数素质可以通过后天的努力改善。如果你能够从现在做起，认真培养自己的素质，你的创业成功一定指日可待。

作为一个创业者，遭遇挫折，碰上低潮都是常有的事，在这种时候，反省能力和自我反省精神能够很好地帮助你渡过难关。曾子说：“吾日三省吾身。”对创业者来说，应该时时刻刻警醒、反省自己，唯有如此，才能成就自己的事业。

十、制伏愤怒要讲究方法

愤怒是一种很常见的情绪，特别是年轻人，血气方刚的小伙子，他们往往三两句话不对，或为了一点儿芝麻绿豆大的事情就大打出手，造成十分严重的后果。其实，愤怒作为一种很正常的情绪，它本身不是什么问题，但如何表达愤怒则容易出问题。

对大多数人来说，适当有效地表达愤怒是很困难的，人们要么肆无忌惮、漫无目的地发泄愤怒，要么是把愤怒埋在心底，任它发霉腐烂。暴雨倾盆的愤怒会对别人和自己造成伤害，把人们带离自己原来的目标；而把愤怒强行压制下去也不可取，因为压抑的愤怒不会消失，它会以让人头痛、忧郁、无缘无故地忌妒等形式表现出来。

对于性情暴躁的人来说，要努力克服自己的情绪。

性情暴躁的人情绪不稳定，容易激动，经常会因为话不投机、意见相左就怒不可遏，拳脚相向。

制伏愤怒的重点在于理清愤怒的来源，有效地调整它。下面的方法可以帮助你做到这一点。

第一，认清目的性

认清你想通过愤怒来达到什么目的，不要被愤怒蒙住了眼睛，要看看愤怒背后的欲望是什么。如果你希望和别人交朋友，而别人让你失望，你就扇人家耳光的话，那么你就永远失去了和别人亲近的机会。相反，你可以说出你真正的感觉：“我很重视我们的友谊，但有些事情威胁到了我们的友谊，这让我很失望。让我们谈谈，一起来解决这个矛盾。”要对自己的愤怒负责，不要给愤怒寻找任何的理由，你需要的是解决问题，不是无谓的发泄。

第二，不要把谁当替罪羊

一个人之所以对另一个人愤怒，是因为他觉得发火比较安全。把不满情绪发泄在无辜的人身上，这样没有任何作用，相反会让你的情绪失控，发完火以后你会后悔莫及。如果你成了别人愤怒的目标和牺牲品，你就问问自己：我一定要接受这个人给我安排的位置吗？我一定要为这种事感到受伤吗？你肯定不愿意充当这种替罪羊，如果别人真的选择了你，你就应当避开，不要上钩，不要进行和你没关系、你也赢不到什么的战斗。

第三，找出获得爱和快乐的方法

你之所以愤怒，有些是由于你的基本需要和欲望不能满足，或是你感到深深地受伤或无助，你想要生活中有更多的快乐和关爱。愤怒并不排除爱、感激等积极情感。你可以深爱某人，为他或她而感到怒不可遏，却仍然继续爱着他或她。实际上，有些愤怒的产生往往是由于爱得太深。我们常说："爱之深，责之切。"在上述情况下，你需要找出获得爱和快乐的方法，愤怒才会消失。发泄愤怒只会让你和他人受伤。

第四，不要用愤怒来弥补你的自尊心

发怒可能是你用来掩饰自己受伤的一种高傲的方式，是你的生存受到了威胁或者自负受到了伤害时的一种自我保护。然而这种方式不能最终解决问题。为了面子而奋斗只会让你时常感到失落，失落又会让你感到愤怒。

第五，要有自信

真正自信的人不会认为别人小小的事情可以伤害自己的自尊心。很多时候愤怒来自于我们的不自信和不安全感。比如某位小姐在大街上看到一个落魄的书生，贫病交加，眼看就要死去。小姐十分同情他的遭遇，就想把他接回自己家中照顾。没想此书生不领情，十分愤怒，他说自己宁死也不愿受人恩惠。这其实是书生的脆弱自尊心在作祟。

第六，关注愤怒

应当学会区并分析分短期的愤怒和长期的怨恨，找个笔记本记下你在不同情境下对不同人的愤怒程度，并分清自己的愤怒共有多少种。这会帮助你决定在什么时候、什么情况下表达自己的愤怒，表达什么样的愤怒，如何表达愤怒。

第七，真诚、负责地表达你的愤怒

不要用暴力的方式表达愤怒，因为暴力只会带来更多的愤怒、伤害和复仇，无论是口头的还是躯体的攻击都不会熄灭怒火。告诉别人是什么让你感到愤怒或受伤害，告诉别人你真正希望他们做的是什么，要以不攻击的方式将愤怒表达出来。比如，与其说“你错了，你简直错得离谱”，不如说“我觉得受伤，你的所作所为没有考虑到我的需要”。要注意对事不对人，说“这件事情真的让我很生气”，是针对事件，说“你这混蛋，怎么做出这种事情”，这就是针对人了。

第八，将愤怒暂时搁置

在愤怒的时候可以将引起愤怒的事情暂时搁置，比如从1数到10，或者是在愤怒时写一封信，可以是写给你发火的对象，也可以是写给报刊、杂志或领导。当然这封信写得越详细越好，把这封信放一天再读一遍，再考虑是否真的值得发火。愤怒时先别去想这件事，过一段时间再想。或者是替这种情绪找到出口，体育锻炼是一种很好的释放方式，比如慢跑、打球，在没人的地方大喊大叫也可以。

第九，不要压抑自己

不要假装你没有愤怒，不要通过否认愤怒来麻醉自己。压抑自己不会让你得到你想要的，只会让你感到迷惑、内疚和忧郁。生气、愤怒是真实的情绪，但有情绪和表达情绪则是两回事。当一个人一直压抑怒气时，迟早会如同水库溃堤一样暴发。因此与其压抑愤怒的情绪，不如学习化解。

第十，总结经验教训

化解愤怒是一次学习的机会。通过了解自己愤怒的原因，我们可以把愤怒的能量转化为建设的动力。在平时注意避免那些让你烦闷的情境，不要让环境影响了你的心情，使你愤怒起来。比如，排队时人群拥挤，空气恶劣，再加上等候时间长的话，人就容易发怒。这时可以乘机放松一下，做做白日梦打发时间，这样有助于你的心情平和。另外，愤怒之后，试着去了解是什么原因真正让你愤怒，并把你的想法告诉另一个人。一个中立的倾听者能帮你理清情绪、认清目标。

第十一，换位思考

如果你因为成为对方迁怒的对象而愤怒，那么你不妨站在“肇事者”的立场想问题，为他寻找合理的理由。你要告诉自己：“那个找我麻烦的家伙搞不好遇上了什么烦恼，日子不好过。”因为宽恕，你会深深觉得爱才是人际关系的主宰。如果是你迁怒于对方，伤害了对方，你要勇于认错，要为自己一时愤怒造成了不好的结果自责。要拿出你发泄愤怒时的勇气去道歉，求得别人的谅解。

十一、走出患得患失的阴影

什么是患得患失？患得患失就是一味地斤斤计较个人得失。生活中往往有这样一些人，他们做什么事情之前都要反复考虑，做完之后又放心不下，总是担心把事情办砸了，并担心别人对自己有看法，极其注重个人的得失。他们被笼罩在患得患失的阴影之中，他们的心房被得失纷扰得没有一分安宁。他们的心中布满疑虑、惴惴不安，生活中当然不会有轻松与愉快。

患得患失是人的精神枷锁，是依附在人心理上的阴影，是浮躁情绪的一个主要表现形式。如果能在经历打击之后开怀地大笑一场，患得患失的情绪就会大大减弱，心情得到彻底改善。

有个年轻人失恋了，在公园里哈哈大笑。

一位老人走来，轻声地问："什么事情让你笑得如此开心？"

失恋的人回答："我刚刚和我青梅竹马的女友分手了……哈哈。"

老人很奇怪地说："你跟女友分手了，怎么还笑得出来呢？"

年轻人反问道："难道我应该哭吗？人应该向前看。而且我终于告别了这个不爱我的人，这是一件多么值得高兴的事情啊！"

老人听了，想了想，赞赏地对年轻人说："年轻人，你的心态值得很多人学习，你会找到一个更好的姑娘。"

笑其实是一种行之有效的、积极的心理表示，它能对人的情绪和生理状态产生良好的影响：调动人的内在潜能，发挥人的最大的能力。人是十分情绪化的，难免会受到不良情绪的影响。我们要善于控制自己的情绪，不要让消极的情绪占主导地位，这关系到我们内心是否是幸福的。当遭遇困难和打击时，应该对自己说：我很坚强。

人生的路坎坎坷坷，从每次的失败中参悟，走出患得患失的心理阴影，说明你更能掌握生存的本领。人生本来就是在面对一个又一个的挑战，不去患得患失，那就是学会了聪明，那就会让自己快乐，那就会有一颗平常心，使自己胸襟坦荡，善待他人。

夏朝的后羿是天下闻名的神箭手——这个后羿不是神话中射掉九个太阳的人，而是一个诸侯国的国君。他有一身百步穿杨的好本领，无论立射、跪射还是骑射，都百发百中，从不失手。

夏王听说他的名声后，想一睹神技，就把他招来，并命令侍从在御花园立起一个兽皮箭靶，靶心约一寸见方。夏王对后羿说："请你展示一下精湛的本领。为了使这次表演不至于因为没有彩头而沉闷乏味，我来给你定个赏罚规则：如果射中，我就赏赐给你黄金万两；如果射不中，就要削减你一千户封地。现在请你开始吧！"

后羿听后，面色顿时变得凝重起来。他慢慢地取出一支箭，搭上弓弦，摆好姿势，谨慎地瞄准起来。如果是平时，他信手一箭，也能射中靶心，可是，想到这一箭射出，要么得到黄金万两，要么失去千户封地，关系何等重大，心情顿时紧张起来，拉弓的手也微微发抖。他瞄了很久，几次想把箭射出去，又收回来，继续瞄准。后来终于下定决心，松开了弦，箭应声而出，却射在离靶心足有几寸远的地方。这样一连射了数箭，竟然没有一箭射中靶心。

后羿很无奈，满面羞愧地收拾起弓箭，勉强赔笑地向夏王告辞，悻悻地离开了王宫。对这一结果，夏王既感失望，又心存疑惑，就问手下："听说此人箭技通神，每发必中的，今天看来，他的箭拔也平常得很，难道是浪得虚名？"

后羿也是人，他在得失面前也难免发挥失常。要想避免患得患失的危害，就要努力培养一颗平常心，使自己达到"八风吹不动"的高境界，或者达到兵家所说的"泰山崩于前而色不变"的境界，这样就能把自己的能力发挥到极致了。

患得患失是最常见的心理问题，人们要铸就辉煌的人生，就必须要砸碎精神枷锁，丢掉思想包袱，走出患得患失的阴影。要走出患得患失的阴影，不被忧郁的情绪打扰，最重要的是保持良好的心态。为此，需要做好下面几点。

第一，培养积极情绪

要积极地想，不要消极地"自扰"。情绪低落，是因为受了委屈，或者遭受了打击。这其实是生活里再正常不过的事情了。因此，我们即使面对苦难，被误解了，也要积极应对，拍拍胸脯让自己昂起头，千万别一股脑地朝消极的方面想。等积极的情绪涌上心头，愁苦也就下了眉头。

第二，心里再苦也要面带微笑

心里痛苦的人不会有笑容。如果在低落的时候努力让自己的嘴角翘起来，你就会被自己的笑容打动。世界的事情原本没有什么不可能，不管你正经受着多么巨大的伤痛，只要努力地笑一下，你的心情真的可以变化，从而走向积极的一面。

第三，知足常乐

每一个人都要学会比较，通过比较得到良好的心境。正确的乐观的比较应该是自己和自己比，把自己的今天和自己的过去比。只要努力过，而且通过努力进步了，收获了，即使别人已富裕，你才刚刚温饱，别人已有了金银财宝，你还是囊中羞涩，那也丝毫不必自惭形秽。因为每个人的基础不一样，条件不一样，经历也不一样。同样一双手，十个指头哪能一般齐呢？要知足常乐。

第四，活出自己

人的一生，不求利，不求名，只要活出真实的自己，走自己的路，就不会被患得患失所困扰。事实上，人生不可能没有忧愁，问题是我们不能因患得患失给自己无端地平添更多的烦忧。走自己的路吧，不管别人如何评说，这样我们的人生就会充实、快乐、潇洒。

第五，淡泊名利

古人说："淡泊以明志。"养生首先必须养心，养心就要淡泊名利。人生苦短，名利有如过眼烟云。人不可缺乏进取心和奋斗精神，但一味地追名逐利反而会得不偿失。人最值钱的东西是生命而不是名利。

总之，人生这一辈子，什么道理都在自己身边的事里，什么思想都该自己用心在生活里体会，生活就是一本最简单、最深刻的书，一切都得从生活里学。

十二、避免惊恐带来的危害

惊恐是一种常见的情绪，表现为害怕、紧张，它会影响人们的正常生活。要做好惊恐情绪的调节乃至防治工作，避免这样的负面情绪给我们的生活带来影响。

每当人们有了悔恨和忧虑等心理障碍后，便会为它们的后果而感到惧怕。于是人们便产生了一些自我挫败的行为：行为退缩，畏手畏脚，举步不前，使自己的行动能力受到严重的影响，并且陷入痛苦之中。如果一个人始终保持惧怕的心态，同时认为它可以改变过去或未来，那么他就会生活在梦幻之中。

从生理学角度来看，外界环境中的恶性刺激，作为一种“信号”，通过人体的感觉器官，或耳闻，或目睹，瞬息之间传入神经，将信息报告人体“最高指挥部”——大脑。这时，惊恐症状出现了：交感神经兴奋，肾上腺素的释放增多，导致心跳加快，血压升高等。而在精神活动和行为上则出现焦虑、躁动、紧张、恐惧等现象。大量肾上腺素分泌，甚至导致心脏细胞或肾上腺坏死，或引起脑出血，均足以使人即刻丧命。有些虽不是立即死亡，但生命垂危，如不立刻抢救,也会在短时间内迅速地衰竭死亡。惊恐的危害是不可低估的，但也不必过分地惧怕。

现代医学认为，恐怖的环境，恐惧的心理，是打开人体衰老之门的“钥匙”，此门一开，衰老的进程将加速。惊恐常能使体内环境的稳定平衡遭到破坏，代谢失调，血脂增高，从而加剧动脉硬化的形成，促使高血压、冠心病的发生。惊恐还能够使人体的免疫功能降低，抗病能力削弱，从而导致疾病缠身，未老先衰，甚至猝死。

国外曾经做过一个试验，狱警将一个死刑犯带到一个黑屋子里，告诉他要割开他的血管，让他慢慢地流血而死。狱警用刀背在死刑犯的手腕划了一下后，再给他听流水的声音，三个小时后，这个犯人死了。这就是恐惧致死的一个例子。

现实生活中，有的人心术不正，满肚子坏水晃荡，终日为钱财苦思冥想，唯利是图，不择手段，或贪污受贿，或巧取豪夺，或谋财害命。因贪心和私欲做了亏心事，他们时时刻刻受到良心的谴责，白天会"于心不安"，夜晚是"噩梦缠身"，总害怕有一天"被捉"，心境常处于紧张、内疚、自责、忏悔、恐惧的状态。这一系列的精神负担和异常情绪，都会造成"精神内伤"，从而导致"身必败亡"的恶果。

那么，怎样才能避免和排遣惊恐对人的危害呢？

第一，营造安定和平的社会和生活环境

人安居乐业，心地坦然安舒，没有导致恐惧的因素，就不会产生恐惧的心理。战争、灾荒、饥饿、尔虞我诈，人的生命朝夕难保，人们就会昼夜惊恐、警惕不安。在恶劣的生活环境中生活，就会导致恐惧心理终日缠身，岂有健康长寿之理？

第二，要用坦然和从容的态度面对一切

避免人为的惊恐因素，避免突然的高声或异物的惊吓。应保持精神乐观、情绪稳定、避免惊恐场面的刺激及忧思恼怒等情绪。高血压、冠心病患者以及年高之人不宜过多看激烈竞争的竞技、惊险的电影、电视。

第三，要为人正直、善良、光明磊落

不损人利己，与人为善，严于律己，宽以待人，具有这样高尚情操的人，于国、于人、于己皆无愧，故能安然处世，也不会产生恐惧的心理。俗谓“为人不做亏心事，半夜敲门心不惊”。

第四，选择能够缓解惊恐症状的食物

人们选择吃些适当的食物可以缓解惊恐症状。有试验表明，鱼和坚果中所含的必需脂肪酸有助于缓解焦虑和沮丧情绪，可以让人迅速地快乐起来。鲑鱼、亚麻籽油、坚果和鸡蛋都含有大量的“快乐因子”。此外，还应该少饮或不饮咖啡、可乐，因为摄取过量的咖啡因会导致神经系统的紧张和高度警觉，使人变得神经质、焦虑、敏感。对于大多数人来说，摒弃饮食中的咖啡因是对健康有帮助的。

十三、健康的身体是经商之本

《大学》说：“物有本末，事有终始，知所先后，则近道矣。”健康的身体是经商之本。在繁忙的职业生涯中，商界精英应当呵护自己的健康，才能真正做到运筹帷幄而决胜千里，而不致频频感叹自己精力不继、心有余而力不足。

言及商道，不少商人都有自己的见地，侃侃而谈不在话下；谈及健康，不少商人也有自己的心得，但是，在“时间就是金钱，效率就是生命”观念的影响下，生命的本体逐渐淡化成为模糊的背景，商人的健康时常被遗忘在生活的一角，当“经济发展”与“身体健康”出现冲突时，“身体健康”几乎总是被牺牲的一方。

2004 年，爱立信中国有限公司总裁杨迈在跑步机上猝死，享年 54 岁；同年，民营经济风云人物、被称为“胆大包天”第一人的均瑶集团董事长王均瑶，因肠癌医治无效逝世，享年 38 岁；2005 年，网易代理首席执行官孙德棣去世，享年 38 岁；2006 年，浙商会常务副会长、上海中发电气有限公司董事长南民因患急性脑血栓抢救无效去世，享年 37 岁；2009 年，新晋商代表人物、雅世置业集团总裁杨双喜因急发性心脏病抢救无效逝世，享年 44 岁……高强度的工作、无规律的生活方式、沉重的精神压力不断地损害商界精英们的健康，甚至导致他们英年早逝，不得不令人扼腕叹息。在事业的征途中，不少企业家正当壮年却倒下了，这是他们的遗憾，更是社会的遗憾。

社会发展以人为本，人是发展的根本目的，也是发展的根本动力。“天覆地载，万物悉备，莫贵于人。”《礼记·大学》指出：“身修而后家齐，家齐而后国治，国治而后天下平。”“修身”不应当只限于道德修养，身体健康更是不容忽视的一个重要环节。上海中发电气有限公司陈邓华接过南民的帅印后表示：“不进则退，哪有时间休息呢？”相信这也是不少商界精英的心声，时不我待，事情太多，时间太少；健康很重要，事业很重要，鱼与熊掌不能兼得！年近 84 岁的商界风云人物李嘉诚先生向世人昭示了事业成功与身体健康并非必然是此长彼消的关系。事业不该是罔顾健康的借口，而应该是重视健康的动力之一。身体是革命的本钱，如果连本钱都没有了，还谈什么大事，还讲什么大作为？

五脏六腑的病变最终会通过人体官窍反映出来，对外传递相应的信息。身体健康出问题不是非要借助高端的仪器才能知道，健康危机不应该等候机器的警示。善用灵敏的嗅觉迅速捕捉商机，是商业精英的长处，在生命健康的战场上，商界人士应当比常人更先一步攫取身体发出的信号，维护好自己身体的健康。

俗话说：亡羊补牢，未为晚也。身体失去平衡，出现亚健康，产生疾病，及时采取措施，不失为明智的选择，却不是最佳的对策。“故智者之养生也，必顺四时而适寒暑，和喜怒而安居处，节阴阳而调刚柔，如是则僻邪不至，长生久视。”

聪明的人养生，必然会顺应四季春温夏热秋凉冬寒的变化调整生活起居，调节心情、调整阴阳，保证身体阴平阳秘、处于阴阳平衡的状态，这样才能健康长寿。人生活在天地间，受到自然气候的绝对影响，健康的生活方式一定是顺应自然的法则的。一年有春夏秋冬四季，自然界的阳气在不同季节处于不同的状态，人体的阳气也顺应这个规律调整人体内的阴阳平衡。

在打拼事业的征途上，给健康留一个位置，养生绝不会是亏本的投资，养生也不需要耗巨资。养生就在一呼一吸、一动一静、一吃一喝之间。为了自己，为了家人，为了社会，请商界人士勿忘健康。

十四、争做一个高效人士

工作效率的高低取决于人能力的强弱，而能力的强弱则主要取决于心理素质的高低。人的心理素质不是天生的，而是取决于后天的培养与训练。如果你了解了自己的心理特点和规律，合理地调整和改变自己，就可以做一个工作效率高的人。

你是否有过这样的体会：在做一项工作时，往往是在刚刚开始做和即将完成时的速度比较快，而且心情愉快，几乎无疲劳之感，可是在中间的一段时间里工作速度会明显变慢，而且疲劳之感异常强烈。你知道这是什么原因吗？

心理学家在经过一番深入研究后，揭示了这种现象背后的生理和心理原因。他们把工作进程划分为达到最高产量前的产量递增阶段、产生疲劳时出现的工作减量阶段、预知工作即将结束时的完工突击阶段。

这个理论并不难理解，我们就以“朝九晚五”的工作进程来说明这个理论。

在开工阶段，我们经过一晚上的休息，早晨来到工作地点开始工作时会感到精力充沛。这时，我们的感知、思维和操作能力都处于较高的水平，在经过比较短时间的工作环境适应后，工作效率会稳步上升。直至中午12点左右，这段时间的工作效率将达到全天的最高水平。

据心理学家分析，这一阶段工作效率高，除了生理方面的原因外，还可能是由于我们主观意识上的这种想法："任务是不会减少的，与其到下班时赶着完成，还不如趁着一开始精力充沛时就多干一些。"因此，我们会在一开始工作时干劲十足。这就是工作进程为达到最高产量前的产量递增阶段。

后来，随着时间的推移和工作量的递增，我们的操作便进入了工作进程的第二阶段，即产生疲劳时出现的工作减量阶段。由于经过了前一阶段的体能和脑力消耗，疲劳感日益加重，意志紧张也开始逐渐减弱，这时工作能力便会开始走下坡，工作效率明显下降。

工作效率上不去同样会导致注意力分散，因此差错率也就越大，从而导致操作中不得不时常中途停止，这又进一步导致了时间的浪费和工作效率的下降。

在这个阶段中，虽然有吃午饭的间歇，但是这短暂的休息并不能起到缓解疲劳的作用。这是因为吃饭时间太短，并且吃饭时大量的血液参与消化过程，使肌肉和大脑的供血相应减少，更影响了体力和脑力活动水平。因此，这一阶段的工作量减少、工作效率低下，差不多要持续到下午三点钟左右。

等这一段时间过后，也就是从下午三点钟左右开始进入工作过程的最后阶段。这时工作效率开始逐渐回升，这种状态会一直持续到下午五点钟左右。这是因为出现了短时间的掩盖疲劳效应，因为人们意识到即将迎来下班的时间，马上就会结束这一天的疲劳和束缚，因此身心受到鼓舞，心情开始兴奋。这种兴奋掩盖和抑制了工作上的疲劳，因此，工作效率便出现了一天中的第二次上升。

这个阶段之所以效率高，还有一个原因，那就是要抓紧把当天的任务完成。因为这已经是完成任务的最后阶段了，今天完不成，就得推到明天了。这时人们就好比是长跑运动员，虽然快要筋疲力尽了，但是由于终点就在眼前，所以会拼尽全力完成最后的冲刺，因此，速度就会加快。

两头快中间慢现象给我们很大的启示。所谓“文武之道，一张一弛”，是指生活节奏的松紧与工作的劳逸要合理安排。因为人体不是永动机，没有谁能够持续保持高昂的状态，要想使工作更有效率，就得保证精力充沛。因此，工作或学习都不能搞疲劳战术，而应适当地放松自己的大脑，适当给身体的各个零件一个松弛的机会，会松弛才会紧张。

我们要弄清楚自身什么时候是精力充沛的，什么时候会感到疲乏。当精力充沛、头脑活跃时，就要好好地利用这个时机做事。一旦感到疲劳、思维迟缓，就干脆停下一切工作去休息调理，休息得越充分，就越有利于体力和脑力的恢复，从而使人以最高的效率投入下一个阶段。

针对上述情况，一个最基本、最简单的休息方式就是午休。现在的许多公司都会把中午休息的时间定得稍微长一些，目的就是使员工得到更充分的休息，养精蓄锐，以便下午更好地工作。

除了身体机能方面的原因外，工作效率低下还有这样一些因素：一是工作指导思路变化，二是业务水平与承担的工作不相符，三是突发工作多，常常顾此失彼，四是上下游流程配合不够，约束过多，配合较少。五是工作安排不合理，六是缺乏工作热情。

那么，究竟用什么方式和方法来提高工作效率呢？这里向大家提出以下几个建议。

第一，区别对待工作

要想提高工作效率，首先要把所有的工作划分成“事务型”和“思考型”两类，分别对待。“事务型”的工作不需要动脑筋，可以按照制订出来的流程做下去，并且坚持做好，不中断。“思考型”的工作则必须集中精力做，一气呵成。我们所说的工作效率更多地在后一点中体现。

对于“事务型”的工作，你可以按照计划在任何情况下顺序处理；而对于“思考型”的工作，你必须妥善地安排时间，在集中而不被干扰的情况下去进行。对于比较复杂的工作，不要匆忙地去做，而是先想，想好具体的步骤和细节处理。当你思考一段时间后，再安排时间集中去做，你会发现，做事情会不太费力，会自动达到预期的目的。

第二，每天定时完成日常工作

每一个人每天都需要做一些日常工作，以便完成相应的工作任务，实现工作目标。这些常规的工作如果不小心对待，就可能随时都会干扰你的正常工作，使你无法专心致志地完成工作任务，或者会由于你的疏忽带来不可估量的损失。工作效率低的原因之一就是某些日常性的工作没有合理地安排和处理到位。

处理日常工作的最佳方法是定时完成，在每天预定好的时刻集中处理日常事情，并且坚持安排在一个特定的时间段全力解决。只有这样工作效率才会提高。

第三，列出工作计划并提示进度

记住，工作计划必不可少！这种计划并不是为了向上级汇报，也不是为了给自己增加压力，而是为了让自己记住有哪些事情需要去做,而不是被无形的说不清楚的工作压力弄得头昏脑涨,烦躁不已。

首先，在每周开始时列出本周的计划，并在具体的工作中根据实际情况完成相关的工作或是根据计划的改变完成工作任务。然后，每天早上列出时间表，从周计划中选择出当天应当做的事，并安排具体时间去完成。这张时间表应该随时在你身边，一抬眼就能看到，它将随时告诉你下一步工作的内容。最后，必须进行工作计划的总结,把自己做完的事进行记录。这样可以帮助自己养成良好的执行力，提高自己的工作效率。

第四，共享工作成果

在工作中，由于人们彼此间沟通不到位，使有些工作出现链接断层和重复劳动。在员工之间将彼此的工作成果共享，是一个很重要的问题。在日常的工作中，各相关人员和部门之间应该细致地进行工作沟通,将手上完成的、对其他部门有价值的工作成果进行分享，从而减少中间环节，提高工作效率，强化执行力。

第五，了解你自己工作的全部

让自己了解工作的全部有助于对工作的整体把握，并且可以更好地将自己的工作与同事的工作协调一致。如果在工作中出现意外情况，必须学会及时上报，让领导明白自己的工作进度和完成情况，使领导可以根据全局情况作出机动处理,从而提高全公司的工作效率。

作为职场人士，在工作中必须建立工作列表，随时记下要做的工作，办完后注明结果；区分轻重缓急，先做重要的事情，注重效率更注重效果；设置并重视完成期限，成为对自己的承诺；明确具体工作内容，进行工作环节细分；碰到阻碍及时上报，减少工作拖沓的概率，从使自己所在的公司成为高效率的企业，就可以成功地打开财富之门。